31243

LES
VIGNES A COMPLANT

devant la Raison et devant la Loi

ÉTUDE

sur la Législation du Contrat de Complant

depuis le XIIe Siècle jusqu'en 1909

PAR

GASTON ROBERT

OFFICIER D'ACADÉMIE, CHEVALIER DU MÉRITE AGRICOLE

JUGE DE PAIX

A CHATEAUNEUF (FINISTÈRE)

Précédemment à VERTOU (Loire-Inférieure)

PRIX : 3 FR. 50

PARIS

MARCHAL ET BILLARD

MARCHAL & GODDE, Successeurs

LIBRAIRES DE LA COUR DE CASSATION

27, Place Dauphine, 27

1909

8 F

31243

Table Analytique des Matières

Les Vignes à Complant

DEVANT LA RAISON & DEVANT LA LOI

A nos Lecteurs !

Les discussions, si vives, auxquelles a donné lieu, depuis de nombreuses années déjà, la question des *« Vignes à complant »* démontrent assez, combien l'auteur de la modeste étude qui va suivre a pu se convaincre des difficultés qu'il avait à aborder.

Cependant, n'ayant que *la vérité* pour guide et laissant de côté les théories envenimées — *ennemies de la raison et du bien* — il n'a voulu, en publiant cette courte brochure, que montrer, sans parti-pris, à tous ceux que la question intéresse : *colons* et *propriétaires*, quels sont exactement leurs obligations et leurs devoirs réciproques.

Pour cela, il a placé à chaque page, sous les yeux du lecteur, les principaux documents qui constituent la législation, proprement dite, des vignes à complant ; les décisions de justice qui ont consacré cette législation et les droits qui en ressortent pour les parties en cause.

La bonne foi et l'impartialité ont été la règle de ce travail. Si, pourtant, l'auteur n'a pas entièrement atteint le but qu'il s'était proposé, il estime du moins, qu'ayant voulu faire œuvre utile, on lui saura gré de l'intention qui l'a guidé dans une tâche délicate et respectable.

Il espère donc qu'il sera compris et que, s'il le lui paraît utile, le législateur, toujours plus désireux de favoriser et d'améliorer l'essor de notre agriculture, voudra par de sages dispositions, apaiser à jamais, les querelles ou les divisions qui — dans un des coins les plus beaux et les plus fertiles de notre France républicaine — séparent ou semblent séparer deux catégories de citoyens, égaux devant la loi, les colons et les propriétaires.

Vertou, le 20 Mai 1908.

Gaston ROBERT.

Nota : Des circonstances particulières ont empêché l'auteur de publier plus tôt les pages qui vont suivre. Il en profite pour remercier sincèrement ici tous ceux qui ont bien voulu lui fournir, avec le témoignage de leur sympathie, leurs bienveillants encouragements.

Chateauneuf, le 6 Janvier 1909.

G. R.

Simples Observations

Pour apporter le plus de clarté possible dans l'étude qui va suivre, nous avons cru devoir en diviser l'exposé en *trois périodes* distinctes qui se succèdent et s'enchaînent.

Dans la première, *remontant vers les XIIme ou XIIIme siècles pour se poursuivre juqu'à la Révolution Française ;* nous examinerons les origines, les usages et les coutumes qui présidèrent à la formation du contrat qui nous intéresse ou en constituèrent, par la suite, la règle et l'esprit.

Dans la seconde, *commençant en 1789 et se poursuivant jusqu'en 1895 ;* nous rechercherons et observerons quelles conséquences ont pu avoir pour le même contrat, les importantes transformations apportées dans notre ordre social, notre ordre économique et notre droit, par les travaux si généreux, de l'Assemblée nationale ou de ses successeurs.

Dans la troisième, *commençant au moment de la perte de nos vignes par l'invasion du phylloxéra et se poursuivant jusqu'à ce jour ;* nous relaterons et déterminerons l'état actuel des droits et des obligations des parties en cause.

Enfin, dans un dernier chapitre, nous examinerons si la législation des vignes à complant, telle qu'elle existe, répond à notre organisation sociale moderne, ou constitue une *« anomalie choquante »* à l'esprit de cette organisation et, cela fait, nous en déduirons telles conclusions que de raison ou que de droit.

CHAPITRE PREMIER

Première période du XIIe siècle jusqu'en 1789

Qu'entend-on par complants de vigne? Qu'elle est leur origine? Le complant constitue-t-il un bail? Dans l'affirmative, de quelle nature? Confère-t-il aux parties un droit de co-propriété et de rachat?

§ I

On entend par « *complants de vigne* » l'exécution matérielle d'une convention verbale ou écrite, intervenue entre le propriétaire d'un terrain et un cultivateur, aux termes de laquelle le cultivateur s'engage à planter en vignes, *à ses frais*, le terrain inculte qui lui est livré gratuitement, ou à continuer la culture des vignes pouvant existir sur le dit terrain (1).

Indépendamment des charges, pour le preneur, de cultiver les vignes *en bon père de famille et selon les usages du pays*, il contracte celle de remettre et conduire, annuellement, au pressoir du propriétaire, une partie déterminée (le tiers ou le quart) de la récolte de raisins obtenue.

---

(1) Les auteurs en donnent la définition suivante : « C'était un contrat usité dans le Midi et qui avait pour objet de favoriser la culture de la vigne. Dalloz, Jur. Gén. louage à complant et à champart, p. 512. » « C'était un contrat par lequel le propriétaire de terres en rapport ou incultes, les cédait à un *fermier*, à la charge de les planter en vignes ou de cultiver celles-ci ; de rendre et conduire au pressoir du propriétaire une certaine quantité de fruits, avec la condition que faute par le preneur de remplir exactement ses obligations, le bail serait resolu sans formalité de justice. » Duvergier, cont. de Toullier, t. 3, n° 187. V. aussi Toullier, t. 3, n° 101. Merlin, rep. V. Complant, n°1. Troplong louage, n° 39. Coutume du Poitou, n° 75.

Cette convention constitue donc un contrat qui est revêtu de certaines formes ou défini par certains termes particuliers, qu'il est utile de rappeler ici ;

Le propriétaire du terrain prend le titre de « *bailleur* » ; le cultivateur chargé de la plantation ou de l'entretien des vignes, celui de « *complanteur* » et plus généralement celui de « *colon* ».

La redevance, en nature, ou part de fruits, livrée annuellement par le *colon* au *bailleur* se nomme « *devoir* » d'où l'appellation des vignes à complant de : « *vignes à devoir* » à l'égard du colon et de : « *vignes à recevoir* » à l'égard du bailleur ; on les désigne encore, assez couramment, sous le nom de : « *vignes quartières* ».

La durée du contrat est indéterminée et souvent qualifiée dans les baux écrits de : « *à perpétuité* » on « *à jamais* ». Cette durée est, en tout cas, égale à celle de l'existence de la vigne.

Remarquons encore que le colon acquiert par sa prise de « vigne à devoir », un droit à la jouissance des vignes complantées, droit qui passe à ses héritiers, ou à défaut, à tout tiers, auquel le colon peut le céder et vendre, avec les charges qui s'y incorporent, après l'agrément du bailleur.

Qu'enfin le contrat de complant est exclusif de toute autre culture que celle de la vigne, laquelle ne peut jamais être modifiée par la seule volonté de l'une des parties. (V. Denisart, V° Complant, n° 2 et suivants.)

§ II

L'origine indiscutable du contrat de complant ? Qui la retrouvera jamais ?

Ici, comme en bien d'autres matières, les origines se perdent dans le silence des siècles disparus et il serait téméraire, selon nous, que de prétendre assigner, *exactement*, telle ou telle date à la naissance d'un pareil contrat (1).

---

(1) « L'usage de ce contrat indique M. Dalloz dans son Rép. de Jur. Gén. (V. Louage a complant et à Champart, p. 513), était fort ancien en France. Il était répandu dans le ressort des coutumes d'Anjou, de Saintonge, de la Rochelle, du Poitou, dans le Dauphiné, le Nivernais, etc. On insérait, assez fréquemment dans les *baux* à complant, qu'après un certain temps, cinq ou sept ans, par exemple, la moitié du terrain *complanté* rentrerait dans les mains du bailleur et que le preneur conserverait l'autre moitié, tantôt franche, libre et en toute propriété, *tantôt moyennant certaines redevances déterminées par l'usage des lieux* (V. les Chartes citées par Ducange, Gloss.

Tel que nous les retrouvons aujourd'hui, c'est-à-dire formé de l'essence même d'une confiance réciproque et basé sur la commune loyauté des anciens contractants, il ne laisse pas que de nous révéler des hardiesses de principes plutôt intéressantes et d'un bel exemple pour nos conceptions modernes.

En effet, si pour certains hommes qui se complaisent à faire de leur faculté de raisonnement le plus fantaisiste et parfois le plus funeste usage, notre « complant de vignes » constitue, à notre époque et avec nos mœurs, une « anomalie choquante ou scandaleuse » ? si, pour d'autres, il comporte comme un reflet de « communisme ancestral », il faut n'y découvrir, pensons-nous, moins amoureux des formules, que ce que nos pères plus vaillants. plus sages et plus pratiques, voulurent faire : *se créer par l'ordre et le travail, équitablement rétribué, un droit durable aux bénéfices de ce travail et cela pour eux et pour leurs descendants.*

A quelque époque donc qu'ait été innové le contrat de complant, il témoigne, de la part de ceux qui le créèrent, d'une manifestation de sentiments vraiment généreuse, vraiment belle.

Que de pareils sentiments aient germé sous l'influenee d'une ère d'affranchissement pour le roturier ; qu'ils aient été le corollaire des premiers fondements d'une société nouvelle ; qu'ils aient engendré la première période rénovatrice d'un passé fait de souffrances et d'esclavage ; oh ! cela, nous voulons bien le croire !

Que l'origine du contrat de complant ait jailli à son tour, de l'origine même de cet affranchissement, que l'une ait été enfantée par l'autre ; qu'elle en ait été la conséquence inéluctable, on ne saurait le nier ;

Que dès lors, dans l'impossibilité d'assigner une *date précise* à cette origine, nous soyons obligé de l'édifier d'intuition, non pas à l'aide d'ingénieuses conjectures, mais bien de témoignages historiques qui, se coordonnant, révèlent ce qui dut être et ce qui fut ;

Qu'ainsi, et pour y arriver, nous invoquions la contexture de la tradition parvenue jusqu'à nous, et que, grâce à l'esprit,

---

Vº Complantum ; V. aussi Troplong, nº 59). Le plus souvent le bail était fait à perpetuité. » D'un autre côté des ordonnances de Philippe-Auguste et de Louis VIII, montrent des constitutions de champarts comme conditions, non de concessions territoriales, mais d'affranchissements ou de libertés personnelles. Les coutumes du Nivernais donnaient pour origine au champart, dans son territoire : « la faculté laissée à chacun de labourer les terres ou vignes d'autrui, non labourées par le propriétaire, en payant une redevance, jusqu'à ce que par le propriétaire lui soit défendu. »

à la forme où à la réunion de ses lambeaux, nous fassions remonter l'origine des complants au XIIIe ou au XIVe siècle, personne — l'espérons-nous — ne pourra nous contredire.

Déjà, en effet, vers le XIIe siècle, l'énergique impulsion donnée par Louis VI à l'affranchissement des serfs ; l'établissement des communes entrepris par ce monarque et poursuivi par ses successeurs, provoquèrent chez les vilains et les manants — en portant la plus vive atteinte à la puissance féodale — un changement bienfaisant à leur condition.

On verra plus loin, dans le chapitre traitant du régime féodal, combien était lamentable cette condition et combien aussi devait être salutaire pour ceux qui la subissaient, toute entreprise dirigée contre sa révoltante existence (1)

Le gouvernement militaire pour lequel *les serfs et les manants ne comptaient pas dans l'Etat !* se vit remplacé par le régime civil ; la création des communes sur les terres des seigneurs, inaugura un système tendant à substituer à l'arbitraire, la légalité.

Une ère nouvelle d'encouragement donné à l'agriculture, au commerce et à l'industrie adoucit un peu les rigueurs existantes. Des coutumes touchant spécialement à la culture des champs, s'établirent dans toutes les provinces ; les citadins qui, jusqu'alors, n'avaient pu concevoir, à leur profit, le droit de posséder des terres en dehors de la cité, sans être astreints à les cultiver de leurs mains, s'employèrent à en acquérir et, tirant en cela, exemple des procédés du clergé, ils s'assurèrent le concours d'*économes* — sorte de colons modernes — auxquels ils baillèrent leurs terres, moyennant une redevance, " *un devoir* " du *tiers* ou du *quart* des fruits.

Par ailleurs, certains *seigneurs, justiciers* ou *chefs de sénatoriat* (2) menacés ou atteints dans leurs abusives pratiques par la puissance royale, s'empressèrent de modifier l'organisation de celles-ci et firent à leurs « *vassaux* » ou à leurs « *sujets* » de

(1) C'est le devoir des rois, disait Suger, de réprimer de leur main puissante et par le droit originaire de leur office, l'audace des grands qui déchirent l'Etat par des guerres sans fin, désolent les pauvres et détruisent les églises. Dans les idées du peuble, la royauté devait être un pouvoir protecteur, bien plus qu'un pouvoir militaire. Hugues Capet l'avait compris lorque, au lieu du globe de Charlemagne, ambitieux emblème d'une domination conquérante, il n'avait joint au sceptre que la main de justice. Mais sous son quatrième successeur, il ne suffisait pas que le roi s'armat du pacifique symbole, comme St-Louis fera au pied du chêne de Vincennes ; la main de justice devait être un glaive.

Louis le gros fut le roi que Suger demandait. Toujours à cheval et la lance au poing, il combattit sans relache contre les nobles qui détroussaient les voyageurs et pillaient les biens d'églises.

(2) Voir le sens de ces mots dans notre § 3me traitant de la féodalité.

nombreuses concessions de terres, à charge de « *complant* » et « *à devoir* » du tiers, du quart, du cinquième et quelquefois moins ou plus, du produit de la récolte.

De plus, et indépendamment des redevances convenues, les vassaux ou les vilains étaient astreints à des actes de sujétion et à des prestations subsidiaires, lesquels étaient constitués ou servis pour « *rendre hommage* » au seigneur et comme acte de *reconnaissance* du pouvoir *justicier* ou *féodal* (1).

Ces actes ou prestations, plutôt grotesques... consistaient notamment, dans l'apport aux seigneurs, avant la récolte : d'un œuf garotté sur un ou deux charriots, trainés par six bœufs!... d'un certain nombre de volailles — *des chapons* — suspendus au bout d'une perche de 20 pieds de hauteur!... d'un petit oiseau placé sur une voiture attelée de quatre chevaux;... d'un certain nombre d'œufs placés sur une civière, préalablement parée de laurier et de fleurs! ou encore d'une chanson au jour de Pâques!... d'un saut devant l'église!... etc... (V. sur ce point M. Championnière.)

Comme on le voit, le règne des « *complants* » commençait dès la dite époque, et cela avec certains caractères et certaines expressions techniques, dont nos « *complants de vigne* » sont empreints sept ou huit siècles après.

Mais il faut noter ici que cette première phase du régime des complants ne saurait être considérée autrement que comme le *règne précurseur* de nos complants de vigne et que ce serait une erreur grossière que de confondre dans un même ordre de principe les *complants seigneuriaux* et nos *complants modernes*.

Le moindre examen des principes fondamentaux de ces deux espèces de contrat, rend éclatante et capitale la dissemblance de leur régime ou de leur raison d'être et cela malgré des apparences de surface et des expressions techniques qui leur donnent comme un *air de famille* ou comme un *lien de parenté*.

Nos lecteurs se rendront facilement compte, du reste, de cette dissemblance incontestable, mise en lumière dans notre § 3e, traitant du régime de la féodalité.

---

(1) On lit dans un ancien document, au sujet de la puissance des Seigneurs : « *Ils sont seigneurs du ciel à la terre et ils ont juridiction sur et sous terre... sur cou et tête... sur eau, vents et prairies...* » Le vilain ne pouvait *fiausser jugement*, car la loi féodale disait : « *Entre toi, seigneur, et toi, vilain. il n'y a juge fors Dieu, tant comme il est tes coukans et levants, s'il n'a d'autre loi vers toi, fors la commune.* » (V. Conseils de des Fontaines, chap. 21, art. 8, — Championnière, n° 131.)

S'il est donc établi, par ce qu'on vient de lire, que nos complants dérivent du *règne précurseur* des complants seigneuriaux, nés eux-mêmes de l'affranchissement des vassaux et des serfs, ce qui l'est moins, c'est l'esprit de droit ou, pour mieux dire, l'intention de droit qui présida aux conventions de ce genre, lesquelles — dans les circonstances originaires de nos complants de vigne, se formèrent ou se succédèrent — nombreuses on le sait dans la province de Bretagne.

Cet esprit de droit, sur lequel on a tant écrit et disserté, *créait-il une convention analogue à celle d'un contrat d'ouvrage essentiellement révocable ? Constituait-il une association, basée sur la mise en commun d'apports respectifs d'intérêts, désormais inséparables ? En d'autres termes, faut-il voir dans le droit de* COMPLANT. *originairement concédé et maintenu, une sorte de contrat, corollaire de notre bail emphytéotique ou de notre bail à domaine congéable ? Ou bien un bail qui, né des premières atteintes portées au régime féodal aurait, par un enchaînement singulier des choses, péri avec ce même régime féodal ?,.. Ou bien encore un droit foncier pouvant donner ouverture au profit de l'une des parties en cause, au rachat des droits de l'autre partie, moyennant indemnité ?...*

Comme on peut s'en rendre compte, par le simple exposé des questions qui précèdent, il est facile de concevoir que dans la recherche de leur solution, des hommes d'égale bonne foi, aient pu émettre des théories opposées, et cela à l'aide d'arguments, sans doute, impressionnants pour tout esprit sérieux.

Mais si la controverse en pareille matière, est pour des hommes éclairés, aussi aisée que séduisante ; si comme tous les textes, celui des lois des 29 décembre 1790 — 20 et 25 août 1792 — 17 juillet 1795 — 29 floréal et 2 prairial, an II — toujours en vigueur — a pu provoquer, chez ces mêmes hommes, des opinions quelquefois contradictoires ; on ne saurait trop s'employer à rechercher dans ces contradictions, où git la vérité, comme on ne saurait trop se défendre aussi, d'écarter les erreurs engendrés par la dialectique de certains autres hommes, plus ou moins qualifiés pour traiter un sujet aussi délicat.

Nul n'ignore, en effet, que les rhéteurs entendus, savent, à leur gré, souvent avec beaucoup d'esprit, et de souplesse persuasive, parfois avec un dissimulé parti-pris, donner à un texte de loi, en s'attaquant à la lettre même de la disposition discutée, le sens qu'il leur plaît et qui sied à la thèse dont il se font les convaincus ou les fantaisistes soutiens !

Accréditer, sans contrôle, de téméraires interprétations — aussi habiles soient-elles — est toujours une faute et il n'est pas rare que la trop docile acceptation de théories individuelles, en dehors de celles faisant autorité, ait produit de regrettables conséquences et de funestes excès !

La question délicate des complants ne devait pas échapper à cette exploitation de l'ingéniosité humaine ! Aidés par l'opposition d'intérêts — *plus apparente que réelle* — ayant présidé à la création de cette branche actuelle de l'agriculture, ou par la promulgation de lois qui, dans la tendance de leur généreuse et large conception pouvaient à la rigueur, s'appliquer à cet objet ; des doctrinaires... d'occasion... eurent une proie facile à l'excitabilité des passions et ils en profitèrent à merci !

Usant inconsidérément, de l'adaptation nouvelle d'un principe, outré de modernisme, et de prétendues libertés, ces mêmes hommes ont tiré du sujet qui nous occupe, les digressions les plus absurdes et parfois les conclusions les plus subversives !

Par leurs arguments, colorés souvent d'apparente érudition, les intéressés — colons ou propriétaires — se sont laissés aller aux pires conceptions de leurs droits et de leurs devoirs respectifs. De part et d'autre, s'aidant de ces arguments faussés, ils se sont ingéniés à méconnaître ces mêmes droits et cela sans s'attarder à l'examen ou à l'étude des lois, bases fondamentales des règles pratiquées par leurs devanciers et consacrées par la justice.

Eh bien ; ce sont ces règles, que nous voulons mettre sous les yeux de nos lecteurs ; c'est à l'aide de ces seules règles — constitutives de la législation du complant — que nous répondrons aux questions que nous venons de poser ; et c'est de même et toujours, respectueux des dites règles, que nous tirerons toutes conclusions utiles au sujet de cette étude.

Et si la législation des complants, telle qu'elle existe, ne répondait plus à *notre conception de la Société moderne !* il appartiendrait au législateur, seul qualifié en la circonstance, d'y apporter par de sages réformes, la solution la plus convenable et la plus conforme aux droits de tous. On verra, par la suite, si cela est devenu nécessaire.

Avant d'examiner chacune de ces questions et pour en

rendre plus claires les réponses, il est nécessaire de rappeler ici, que les auteurs et les jurisconsultes, les plus réputés en la matière, rapportent et enseignent : que des anciennes coutumes, usitées dans plusieurs parties de l'ancienne France — notamment dans la Province de Bretagne et le Comté Nantais — il résulte :

1° Que le *bail à complant* dérive d'une ancienne tenure, à l'acception plus générale et plus étendue, appelée : " Champart ".

2° Que le " champart " — *(campi pars* ou *campi-partus)* — ainsi que son nom l'indique d'ailleurs, consistait dans une quote-part de chaque récolte, que le détenteur de l'héritage grevé de ce droit, était tenu de payer à celui qui en était créancier. Le mot *champart* était donc une désignation générique, sous laquelle étaient comprises diverses redevances qui portaient, dans chaque province, un nom particulier. (V. Dalloz, J.-G. Louage à complant, n° 8 — Prop. féodale, n° 200 et suivants — Pothier, tr. des champarts — Henrion, dissert. féodale, v° champart — Rivière, rev. crit. de législ. et de jurispr. 1869, p. 193 — Baudry, Lacantinerie et Wahl, 1re édit. t. 2, n° 1144 et 2me édit. t, 2, n° 1524.)

3° Que, dans ses origines, le contrat de " champart " — dénommé selon les lieux et la nature de la production : *terrage, agrier, sixte, ychyde, tarque, parcière, naume, complant, terceau, quart ou tiers raisins, vignage, hostise, fouage, festage, herbaux*; *bordelage, quarpot, cinquain, vingtain, etc*... a pu constituer parfois, un droit seigneurial ; parfois une rente foncière, mais le plus souvent des baux à ferme, tacites ou ordinaires.

4° Qu'on pouvait, en effet, le considérer comme entaché d'un *droit seigneurial* ou comme représentatif d'une rente foncière :

A. — Quand le champ à cultiver, objet du contrat, était assujetti à une *servitude personnelle* du détenteur, servitude constituée soit comme condition de l'affranchissement ou de libertés personnelles accordées à ce dernier ; soit comme droit de *cens*, dérivant généralement des conditions de l'association dite du *sénoriat* (1).

B. — Quand ce même champ avait été l'objet d'une concession territoriale, à un titre quelconque entre les contractants (2).

5° Que pour qu'il put en être ainsi, il fallait nécessairement que l'héritage baillé, appartint à un possesseur *noble*. Seul, en effet, le possesseur d'un *alleu noble* (3) ou d'un domaine féodal — *seigneur féodal direct et foncier* — avait qualité, selon une règle de droit commun, souveraine et absolue, de créer un fief, de s'attacher des vassaux par le lien seigneurial, de constituer une censive.

6° Que dans tous les autres cas, le contrat de " champart " intervenu entre le possesseur d'un alleu roturier, le tenancier d'une censive et tout autre contractant, aussi roturiers, ne pouvait que se rattacher à des concessions ne comportant aucun caractère féodal, malgré leur similitude avec le fief et la censive, et ne constituer que soit l'emphytéose, soit un bail perpétuel ou à longues durées.

7° Que ce contrat pouvait être considéré comme un bail à *rente foncière*, mais seulement quand il spécifiait, formellement, l'aliénation du fonds au profit du preneur.

8° Que le contrat de *complant de vignes* moderne (qu'il s'agisse de planter en vignes un terrain inculte ou de cultiver celles déjà plantées) a toujours été un véritable bail.

9° Qu'il est de règle absolue, dans la généralité des cas, que faute par le complanteur de remplir ses engagements, le bail est résolu de plein droit, sans formalité de justice !

10° Que pour savoir, dans tous les cas, si le bail à complant est ou n'est pas translatif de propriété, il faut, dans chacun de ces cas, rechercher quel a été l'esprit de la convention, et apprécier les obligations respectives des contractants, telles qu'elles résultent des clauses du contrat ou de l'usage des

---

(1) (2) (3) On aura l'éclaircissement de ces termes et conditions, qui se rattachent à l'asservissement des *serfs* et des *vilains*, tristes sujets livrés à l'*entière discrétion* des seigneurs, dans notre § 3me traitant du *régime de la féodalité*. « Le seigneur, dit le vieux Juriste de Beauvaisis, peut tout exiger des serfs et des manants ; il peut prendre tout ce qu'ils ont et les tenir en prison toutes les fois qu'il lui plaît, soit à tort, soit à droit, et il n'est tenu d'en répondre fors à Dieu. »

lieux ; que c'est là autant une question de fait qu'une question de droit. *(V. Conf. MM. Duvergier, n° 100 ; Troplong, n° 60 ; v° aussi, biens, n° 148 ; Enreg. n° 3.062 ; Dalloz, J.-G., louage à complant, p. 513.*

11° Que la loi du 29 décembre 1790, dont l'art. 530 du Code civil est, aujourd'hui la reproduction de principe, a dans son § 1er, déclaré rachetables toutes les rentes foncières.

12° Que les lois du 17 juillet 1793, du 2 Prairial an II, et du 11 Brumaire an VII, combinées, ont assimilé le bail d'un fonds, donné à *culture perpétuelle*, à une rente foncière, justiciable du rachat.

13° Qu'enfin le Domaine public étant devenu, à la suite de la Révolution, le successeur direct des corporations abolies et le successeur temporaire... de plusieurs émigrés – propriétaires de vignes à complant, à devoir de tiers ou de quart — l'Administration Centrale n'avait pas hésité, dans la Loire-Inférieure, à mettre en vente un certain nombre de ces vignes, ventes qui, par la suite, ne purent être maintenues.

§ III

Ces différents principes posés, examinons tout de suite, pour régler une question importante, quel crédit peut être accordé à la thèse représentant le contrat de complant comme étant d'origine féodale, entaché dès lors, des redevances et droits seigneuriaux abolis, ne subsistant à notre époque, qu'illégalement, et faut-il l'ajouter, en opposition choquante avec nos institutions démocratiques.

Si nous avions la prétention de retracer ou d'analyser ici, l'ensemble des dispositions caractérisant le régime des fiefs et son histoire, ce serait, nous ne pouvons nous le dissimuler, aborder un labeur bien audacieux pour nos modestes connaissances !

Nulle matière n'a, du reste, été traitée dans d'aussi volumineux travaux et par des hommes — légistes ou historiographes — dont la haute compétence répondait à une pareille et aussi ingrate tâche.

Le régime seigneurial, bien que demeuré fort obscur dans ses principes, a fait l'objet, en effet, de nombreux traités ; et on ne peut s'en étonner lorsqu'on sait que le droit seigneurial qui s'y rattache – quant à la propriété tout au moins — a constitué les bases, largement modifiées, il est vrai, de notre droit civil.

Les principaux auteurs de ces travaux sont, *sur l'ensemble du Droit seigneurial :* d'Acquettes, Boutaric, Brussel, Dumoulin, Ferrière, Fréminville, Guyot, Hervé, Henrion de Pansey, Hévin, Loyseau, Poquet de Livonière, Pothier, Salvaing.

D'autres, tels que : Bouquet, Boulainvilliers, Brequigny, Caseneuve, Chopin, Chambellan, Championnière, Chantereau-Lefèvre, Dominicy, Delaplanche, Dubos, Gallaud, Guizot, Hotman, Laferrière, Laboulaye, Mably, Montesquieu, Pardessus, Taisaud, La Thaumassière, Thierry, Troplong, etc..., ont traité des mêmes matières, au regard *des coutumes qu'elles ont engendrées ;* du *franc-alleu ;* de *l'origine de nos institutions politiques,* et de *notre droit privé*, de *notre histoire,* etc...

Peu d'entr'eux émettent les mêmes opinions. Chacun a bâti son système sur des faits et des raisonnements personnels et suivant qu'il se plaçait, soit au point de vue des rapports du droit, avec les intérêts privés, le droit public, l'histoire et la politique (1).

Dès lors, et sans vouloir entrer dans des développements reevant des dits travaux, développements incompatibles avec le cadre de cette modeste étude, mais obéissant à la volonté de mener à bien la tâche que nous avons entreprise, nous reviendrons aussitôt à la question qui nous intéresse : *Le Contrat d complant de vigne est-il, oui ou non, d'origine féodale et entaché de droits seigneuriaux ?*

Posons tout de suite cette règle : Pour que le contrat de complant puisse être considéré, à juste titre, comme constituant ou incorporant un droit féodal, il faudrait, logiquement y retrouver l'un ou l'autre du double caractère inhérent au régime de la féodalité.

Or, il suffit pour se convaincre *du contraire,* d'examiner quel a été ce caractère ; quels ont été les principes fondamentaux de ce régime et la raison de son existence.

---

(1) De nombreux systèmes, relate M. Dalloz, dans son Rep. de Jurisp. Gén. : Propriété féodale, ont été mis en avant pour expliquer l'origine des droits seigneuriaux. Ces systèmes ont eu le plus souvent pour objet les intérêts d'une thèse ou d'un parti ; ils ont varié suivant la cause qu'ils avaient à soutenir : celle des vassaux, celle des seigneurs, celle du domaine royal.

Pour cela, laissant de côté les opinions contradictoires de Jurisconsultes éminents, touchant tant au régime de la féodalité lui-même, qu'aux caractères féodal ou non féodal du contrat de complant ; laissant de côté encore toutes données souverainement indicatrices, de la Jurisprudence, du Conseil d'Etat, de la Cour suprême et des Tribunaux ; nous gardant bien enfin, de fournir sur l'institution qui nous occupe, une théorie personnelle, dont la fragile portée appellerait les plus farouches critiques ! Nous nous bornerons à nous en remettre à l'autorité la plus souveraine des lexiques de la Langue française : au *Larousse*. On ne pourra pas ainsi nous faire grief d'avoir voulu accumuler ici des arguments captieux ! des considérations discutables d'historiens ! ou des commentaires habiles de Juristes !

« La *Féodalité*, dit en substance le Larousse, était l'ensemble des lois et coutumes qui régissaient l'ordre politique et social en France, et dans une partie de l'Europe, depuis le IXe siècle jusqu'à la fin du moyen âge.

» Le mot *féodalité*, vient du bas latin *feodum* ou *fief*, et le fief était une *concession* qu'un *vassal noble* tenait d'un seigneur, *également noble*, à charge par celui-ci de remplir certaines obligations.

» Le fief est né principalement de deux institutions : Le *bénéfice* et la *recommandation*. Le *bénéfice*, dont on n'a pu encore déterminer l'origine d'une manière précise, était une concession de terre obtenue, le plus souvent, *comme récompense de certains services et à charge de remplir certains devoirs ;* d'abord viagère, cette concession devint définitivement héréditaire après la mort de Charlemagne.

» Ce qui distinguait le bénéfice de « l'*alleu* » ou « *franc alleu* », c'est que la terre *allodiale* était possédée en *toute propriété* — propriété *héréditaire* — exempte des obligations inhérentes à la possession des bénéfices.

» En même temps qu'ils obtenaient l'héridité de leurs domaines, les bénéficiaires s'arrogèrent le droit de transmettre à leurs descendants les fonctions dont la puissance royale les avait revêtus. Cette hérédité des biens et des charges laissa subsister un *lien* entre le cédant et le cessionnaire.

» En échange des bénéfices qu'il s'était arrogés, le cessionnaire demeura tenu à certaines obligations envers son seigneur, lesquelles résultant du contrat d'inféodation — (qui comprenaient une double formalité : De la part du Vassal, l'hommage-lige ordinaire ou simple, et le serment de fidélité (1) ; De la part du seigneur, l'investiture ou mise en possession du fief) — consistaient principalement dans le *service d'ost* ou service militaire ; le *service de Cour* ou d'assistance dans l'administration de la justice ; le versement *d'aides* ou subsides pour racheter le seigneur captif, le mettre en état de tenir campagne ; doter sa fille et armer son fils chevalier.

» Réciproquement le seigneur devait protéger son vassal en toutes circonstances... Le fief était indivisible. Il se transmettait par succession à l'aîné des descendants mâles du seigneur défunt... Entre vifs, il ne pouvait être aliéné en principe, sans le consentement du suzerain.

» Le détenteur d'un fief était donc investi, dans l'étendue de ce fief, de droits politiques, lui permettant : de faire la guerre... battre monnaie... rendre la justice... chasser... et imposer au village des banalités (taxes ou impôts) qu'il percevait.

» A côté du *bénéfice*, l'histoire nous révèle la *recommandation*, acte par lequel un homme se plaçait sous la protection d'un autre homme plus puissant. Les petits propriétaires *d'alleux*, lorsque les grands propriétaires eurent acquis la souveraineté dans l'étendue de leurs bénéfices, se *recommandèrent* à ces derniers en leur abandonnant leurs biens ; ceux-ci le leur concédaient immédiatement en retenant la seigneurie directe.

» Par ce qui précède, on voit que le lien féodal était double : *Personnel*, en tant qu'il dérivait de la *recommandation* et unissait le vassal à son seigneur ; *Réel*, en tant qu'il dérivait du *bénéfice* et unissait les terres de l'un et l'autre.

« Pour posséder un fief, il fallait être *noble*. Les serfs — taillables et corvéables — véritables esclaves, ne pouvaient prétendre en posséder. »

....

Permettons-nous, malgré la réserve que nous nous sommes imposée, d'entrer ici dans quelques développements indispen-

---

(1) Voici la formule de l'hommage lige : « Doit l'homme joindre ses deux mains en nom d'humilité et les mettre ès deux mains de son seigneur, en signe que tout lui voue et promet foy ; et le seigneur ainsi le reçoit et aussi lui promet foy et loyaute et doit l'homme dire ces paroles : « Sire, je viens en vostre hommage, en vostre foy, et deviens vostre homme de bouche et de mains et vous jure et promet foy et loyauté envers tous et contre tous et garder vostre droit en mon pouvoir. »

Dans l'hommage simple ou franc, le vassal tête nue, ayant ôté son épée et ses éperons, mettait un genou en terre tenant la main sur l'Évangile, puis plaçant ses mains dans celles de son seigneur, lui prêtait serment de fidélité.

sables, sur les origines et l'organisation seigneuriale, lesquels seront mieux compris, à présent, après la lecture de l'impartial résumé qui précède.

Les origines du *fief* sont fort anciennes; elles ont leurs racines dans l'institution d'associations créées pour défendre ses membres contre la terrible et barbare oppression du pouvoir impérial. Les faibles avaient le besoin le plus impérieux de placer leurs personnes et leurs biens sous la protection des puissants — " *potentiores* " — et pour cela, ils n'hésitaient pas à sacrifier leur liberté et leur patrimoine à ces mêmes hommes, dans une association dénommée " *le potentiat* " (1).

Les bandes germaines elles-mêmes, possédaient des associations similaires; celles-ci avaient pour objet la guerre, et pour profit, le partage du butin! Déjà se dessinaient en elles, les principes féodaux.

Les guerriers se *liaient par serment,* à un chef, lequel, de son côté, s'engageait à les défendre ; les premiers devenaient par suite : ses hommes, ses suivants — *vahi* — celui-ci devenait leur seigneur — *senior* — l'association constituait le " *sénoriat* " (2).

Non seulement les séniores devaient protection à leurs vassaux, mais ils étaient tenus encore d'assurer leurs moyens d'existence, d'où la constitution de " *la solde* " et la véritable signification dn mot : *féodum*, fief.

La grande et principale division des droits seigneuriaux résidait — et en cela tous les feudistes sont d'accord — dans la distinction du *fief* et de la *justice*, deux forces souveraines, mais indépendantes l'une de l'autre — (" *fief et justice n'ont rien de commun* ", dit un principe dominant) — qui pesaient odieusement sur le peuple.

On a vu ce qu'était le fief ; disons, à présent, ce qu'était *la justice.*

La Justice consistait, pour les institutions seigneuriales, dans tous les droits utiles imposés et prélevés sur *les personnes* et sur *les choses.*

Sur les personnes, ils comprenaient : les corvées, service militaire, tailles, droits de gîte, de parst, de logement, de

---

(1) C'est de ces deux institutions : *potentiat* et *sénoriat* qu'est issu le régime féodal et seigneurial.

passage, de halage, d'habitation, amendes, condamnations personnelles, etc..., etc...

Sur les choses : les droits de mutation, d'épaves, d'aubaine, de vacants, déshérance, bâtardise, banalités, confiscations, censives et redevances de certaines espèces, chasse, pêche, droits honorifiques et divers privilèges, etc...

Certains de ces droits ne dépendaient pas toujours d'un contrat ou d'une concession ; ils dérivaient, pour la plupart, de coutumes fort anciennes, constituant les éléments de l'*impôt romain :* — le tribut imposé aux vaincus ! — C'est ainsi qu'en remontant le cours des siècles écoulés jusqu'au régime provincial du Code de Théodose, on en retrouve, sous les mêmes dénominations, les mêmes éléments.

Qu'on relise les lois 1, tit. 24, lib. 11 du Code de Justinien ; 75, lib. 12, tit. 1, du Code de Théodose ; l'Edit de 877, sous Charles le Chauve, et on aura la juste impression des efforts abusifs des écumeurs d'impôts : « honoratis », « judex », « censualis », « justitiarus » et tous autres particuliers, pour s'assurer la jouissance de ces droits barbares sur les « rusticus » ou « villanus », « l'hospes » ou les « manantes » !

A l'époque où ce détestable régime avait atteint sa toute puissance, vers le 11me siècle, le *sénoriat* était devenu, devant l'anarchie sociale qui régnait, une véritable nécessité. Tout homme pour se protéger contre les guerres privées qui dévastaient le territoire, devait forcément *inféoder* sa personne et ses biens ; l'individu non inféodé, était sans avoir et sans patrie.

Aussi bien, lorsque la puissance royale engagea, vers le XIIme siècle, la lutte contre les abus du *sénoriat,* lorsqu'elle fut enfin capable de réfréner les conséquences funestes des guerres privées, le fief, c'est-à-dire le *solde* des services du vassal, disparut. Mais comme pour répondre aux dispositions du sénoriat, tous genres de concessions ou d'attributions avaient été pratiqués, certaines parmi celles-ci — les concessions territoriales – subsistaient.

La plupart d'entr'elles n'avaient conféré aux possesseurs qu'une jouissance correspondant à leurs services ; le concédant, qui n'avait pas cessé d'être propriétaire, s'employa à retirer de ses droits sur le domaine, tous les profits répondant à sa réserve.

Dès cet instant, le fief proprement dit, perdit son véritable caractère ; il cessa d'être la représentation de *solde,* pour revêtir l'apparence d'une *concession foncière*. La concession avait été d'abord le moyen de former le lien du sénoriat ; désormais elle devenait l'objet principal du contrat et d'une nouvelle convention. Cette modification essentielle dans l'institution du fief a fait par la suite, dans l'interprétation de sa constitution, l'objet de nombreuses erreurs.

Si l'on songe, en effet, que les guerres de la royauté contre le sénoriat, n'avaient d'autre but que d'anéantir l'exercice de *la justice* et que les seigneurs justiciers ne cessèrent de s'employer à convertir en droits de fief, tous les droits dérivant pour eux de la justice, on conçoit qu'y ayant largement réussi, la confusion sur la similitude de ces droits, si divers cependant, ait été facile.

C'est, du reste, sous cette deuxième forme que le fief, considéré comme un contrat translatif d'un domaine foncier, a été aboli par les lois de la Révolution.

Les législateurs de 89 ont, suivant M. Laferrière (Histoire du Droit, t. 2, p. 125), reconnu dans la féodalité deux caractères distincts : La féodalité *dominante* et la féodalité *contractante*.

La première se rattache à l'époque où le pouvoir féodal était *absolu* et le servage *étendu* à tout ce qui n'était ni *noble* ni *ecclésiastique*.

La seconde se rattache à la féodalité décroissante, entraînée dans la voie des concessions territoriales.

L'Assemblée constituante — cette classification faite des droits seigneuriaux — a *supprimé sans indemnité* les premiers, qui découlaient de l'oppression (obligations personnelles de vasselage) et déclaré *rachetables* les seconds qui constituaient des rentes foncières.

....

Quoi qu'il en soit, ce n'est que lorsque les premières brèches furent pratiquées dans l'abominable régime dont on vient de lire le rapide aperçu, qu'il se constitua dans la société féodale, ébranlée, une nouvelle classe d'hommes, relativement libres... et dans laquelle il faut ranger : les habitants des campagnes, anciens serfs affranchis ; les bourgeois des villes qui avaient obtenu de leurs seigneurs — *de gré* ou *de force* — des chartes communales.

Il résulta de cette première transformation du régime existant que, tandis que le peuple obscur des manants voyait poindre une ère dite d'affranchissement, quoique de semi-liberté, des terres libérées des précédentes aliénations, purent être utilement possédées par certains d'entr'eux et acquises par les citadins.

Nombre de celles-ci, cultivées antérieurement, sans profit, par les serfs désormais affranchis, restèrent en leur possession, mais à la charge du paiement au seigneur de *redevances censuelles.*

Nombre d'autres terres firent aussi par la suite, l'objet de nouvelles conventions entre propriétaires et « économes » non pas sujettes cette fois, pour les preneurs, à des prestations seigneuriales ; attributives du fonds en retour de certaines obligations ; mais simplement à des redevances en nature — qui, malgré quelque similitude avec leurs devancières — n'étaient attributives que des deux tiers ou des trois quarts de la récolte, la propriété du fonds demeurant *réservée* et libre de tout *lien.*

....

Pour démontrer l'exactitude de ce qui précède, il ne nous reste plus qu'à examiner l'état de la propriété foncière au XVIIIme Siècle, à la veille de la Révolution française.

Au dix-huitième siècle, le sol était partagé ou affecté à quatre sortes principales de propriétés : La propriété *mainmortable,* la propriété *censuelle,* la propriété *féodale* et la propriété *allodiale.*

Résumons ces espèces : Le mot MAINMORTE signifiait, dans le droit ancien, l'état de servitude personnelle, réelle ou mixte, dans lequel l'homme était attaché à la glèbe, sans pouvoir disposer de ses biens qui, dans la plupart des cas, faisaient retour au seigneur.

Des coutumes, régissant cette espèce, résultaient les charges principales suivantes : Obligation pour le serf mainmortable de payer une *taille* au seigneur suivant les facultés, ou de lui payer une somme fixe, annuellement, qui était dénommée : *taille abonnée.* — Défense pour le même, de se marier avec une personne d'une autre condition, c'est-à-dire franche ou serve d'un autre seigneur ; la contravention à cette règle s'appelait *formariage.* Le cas échéant le seigneur s'emparait du tiers des meubles et des immeubles du contrevenant, situés au dedans de sa seigneurie. Ce dernier lui devait encore une amende s'il n'avait obtenu congé de son seigneur pour se marier. Cette double disposition s'appelait le *droit d'échute.* — Obligation de n'aliéner le ténement serf qu'à des serfs du même seigneur. — Défense de disposer des biens mainmortables par testament ou contrat de mariage, au préjudice de son seigneur, etc...

L'avidité des seigneurs avait considérablement étendu encore les charges du mainmortable ! Coquille, dans ses instit du droit franc. aux Servitudes personnelles — en symbolise les dispositions dans le langage suivant : *« Les serfs du Nivernais portent avec eux leur servitude, attachée à leurs os, qui ne peut tomber pour secouer »* ;

2° La propriété féodale était contractuelle et avait pour base le contrat de *fief.* Ce contrat n'était pas exclusivement celui dérivant des dispositions du sénoriat, c'est-à-dire se rattachant à la concession, à un titre quelconque, d'une chose quelconque, *solde* de l'engagement des services militaires du vassal ; mais encore celui comportant la concession d'un fonds, en retour de la promesse de *fidélité ;* de la reconnaissance de sujétion ; du lien à la personne du concédant et de l'obligation à certaimes redevances ;

3° La propriété censuelle était celle dérivant de la concession d'un fonds par le seigneur féodal *censier* au vassal *censitaire.* Les effets de la convention, qui l'instituait, formaient un *lien* personnel entre les contractants, relevant originairement du *sénorial* et faisant supposer entre ceux-ci une association de défense commune et une hiérarchie d'autorité de l'un à l'autre ;

Parfois, la concession *censuelle* a eu pour objet, le tribut de l'affranchissement ou de libertés personnelles obtenus ;

4° La propriété allodiale — *alleu ou franc alleu* — était celle qui n'avait aucun des caractères féodal ou censuel. Elle était libre et affranchie de toute redevance seigneuriale ou de tout lien de sujétion. Son origine peut être considérée comme dérivant des immunités attribuées, avec largesse, sous la domination romaine, à des particuliers, à des provinces ou à des localités. L'anarchie féodale contraignit un grand nombre de possesseurs d'alleux à les engager dans les liens du fief ou de la censive, afin de les soustraire aux dévastations ou aux pillages des bandes armées et des puissants.

Telles étaient les quatre formes de la propriété foncière, sur lesquelles le bienfaisant affranchissement des lois révolutionnaires allait produire son effet salutaire.

Mais pour l'intelligence des dispositions abolitives des dites lois, il est utile d'indiquer ici, que les contrats engendrés par ces quatre formes de la propriété foncière, peuvent se répartir principalement, en les trois catégories suivantes :

1° Contrats de *fief* ou de *censive*, représentatifs de droits seigneuriaux ; – 2° Baux à *rentes*, à *locatairie* ou à *culture perpétuelles*, constitutifs de rentes foncières ; 3° *Baux-louage*, à *court terme*, à *longues années* ou à *durée dite perpétuelle*, représentatifs d'une redevance annuelle, n'ayant aucun des caractères *féodaux* ou *fonciers*.

Les premiers emportaient concession du fonds et constituaient le lien féodal. La terre concédée se divisait en DOMAINE DIRECT, réservé par le cédant, et en DOMAINE UTILE, attribué au preneur. *Le fonds avait par suite deux maîtres !*

Les seconds présentaient les mêmes particularités (sans engendrer cependant le lien féodal) – avec cette différence qu'il n'y avait pas ici de concession expresse du fonds, mais une simple attribution du *Domaine utile* ou preneur.

Enfin, les troisièmes ne transmettaient rien au preneur, en dehors de la *possession* et de la *jouissance* PRÉCAIRES du fonds, comme dans les baux à ferme ordinaires.

Le legislateur de 1789 ne voulait pas seulement anéantir la servitude *personnelle* mais il voulait aussi, avec la même énergie, briser toute sujétion de la propriété foncière.

Pour y parvenir, nous le répétons, il décréta dès le 4 août 1789, l'*abolition sans indemnité*, de toutes les servitudes personnelles et déclara *rachetables*, toutes les charges et redevances, ci-devant seigneuriales, grévant le domaine foncier et constituant, à ses yeux, la rente foncière.

D'autres décrets suivirent, les 25 août 1792, 17 juillet 1793, 29 Floréal et 2 Prairial, an II, qui *supprimèrent* à leur tour, et sans *indemnité*, les redevances ci-devant *rachetables* et déclarèrent les baux à *culture perpétuelle* (on verra par la suite, ce qu'il faut entendre par cette qualification) soumis au droit de *rachat* ; mais il importe de bien retenir, et cette remarque est essentielle, que les charges et redevances visées dans les décrets successifs précités, d'abord simplement *rachetables* et déclarées *abolies* ensuite, ne cessaient pas, pour cela, ou de conserver leur tare d'*origine seigneuriale*, ou de constituer des rentes foncières, et que c'était là, uniquement, la cause qui en provoquait le juste anéantissement.

C'est, sans contredit, de l'absence ou de l'oubli volontaire de cette remarque, que l'on a pu ou voulu déduire que notre *contrat de complant* aurait eu une origine féodale et constituerait, de nos jours — *pour les colons* — comme au XIIe siècle, *pour les serfs*, et par la seule culture du fonds, une incorporation attributive de propriété, mais il est impossible de confondre, après ce qu'on vient de lire, les conditions particulières et tout à fait étroites, qui s'attachaient pour les serfs, à ce mode d'accession à la propriété, avec le mode conventionnel du bail à complant moderne — *restrictif de la propriété du fonds* — car ainsi que nous l'avons déjà rappelé plus haut, les droits *féodaux*, comme le droit de *cens*, résultaient de conventions spéciales, et comportaient des prestations acquisitives de la terre concédée, emportant avec elle, pour les vassaux ou les serfs, l'attribution de certaines prérogatives ou de certains droits d'affranchissements.

La même erreur volontaire ou la même négligence d'examen, ont été commises à l'égard des redevances servies par nos colons, dans l'assimilation qu'on a voulu en faire, soit avec la rente foncière, soit avec les rentes ci-devant seigneuriales ! On sait à présent que les premières étaient *« libératoires »* de la concession du *domaine direct* ou du *domaine utile* du fonds et que les secondes étaient, ou des droits de *servitude personnelle*, ou représentatives d'un *droit de cens !*

Or, il serait insensé de vouloir retrouver dans la lettre ou l'esprit de notre " complant de vigne " la moindre parcelle d'affinité avec le caractère des droits abolis ou rachetables.

Certes, si notre complant de vigne réflète quelque similitude superficielle, avec le contrat féodal ; si, comme nous l'avons déjà dit, il a avec ce dernier, ou avec les contrats à rente, un air de famille, on ne saurait y voir à bon droit, rien de conforme dans le principe de leurs constitutions respectives ; rien d'analogue dans les droits, distincts, de chacun d'eux.

Les premiers ont pu, à la vérité, déteindre... sur nos complants de vignes ; inspirer même un genre particulier de contrat pour la plantation et la culture spéciales, de la vigne ; mais de là à en confondre légèrement, les apparences de forme pour en assimiler les droits et la portée, il y a un abime infranchissable !

C'est donc commettre une erreur véritable, nous le répétons, que d'assimiler notre bail à complant de vigne, au contrat seigneurial, au contrat de cens ou aux baux à rentes avec lesquels il n'a rien de commun et c'est à tort qu'on a pu jeter ainsi nos braves colons dans une confusion aussi troublante !

Pour arriver plus sûrement à ce résultat, on s'est encore appuyé — et cela est incontestablement plus sérieux — sur l'autorité très grande de *Merlin* qui enseigne que sous l'empire du droit coutumier, les baux à longue durée étaient, suivant la coutume de Bretagne, *translatifs de propriété ;* mais cette prétention, à laquelle nous opposerons plus loin les réfutations souveraines d'aussi éminents juristes et les données contraires de la jurisprudence, se heurte — si autorisée soit-elle – aux dispositions générales de l'intégralité des baux à complants où, quelle que soit la durée de la convention, *nul bailleur* n'a déclaré ou n'a laissé présumer vouloir renoncer, à un moment quelconque, *à sa propriété du fonds ;* de même que *nul colon* n'a *jamais exprimé* ou *laissé présumer* à son tour, son intention de prétendre à la *propriété du terrain baillé !*

Ces premières constatations faites, il ne nous reste plus, pour répondre aux questions visées dans notre précédent paragraphe, qu'à démontrer ce qu'ont pu être l'esprit ou la lettre de la convention ayant présidé à la formation du contrat de complant en plaçant sous les yeux de nos lecteurs, comme nous nous y sommes engagé, les documents relatant les dites conventions et ceux qui en réglementent le fonctionnement jusqu'à nos jours.

§ IV

Aussi loin qu'il nous ait été possible de faire remonter nos recherches, nous avons vu que les contrats de complants de vignes contenaient tous, ou à peu près, les mêmes clauses démonstratives des droits des parties : la qualité de celles-ci, l'objet et la nature de la convention, sa durée, les conséquences résultant de l'inexécution des engagements des preneurs, etc...

Dans aucun de ces actes — nombreux, on le conçoit — portant tantôt le titre de *prise de vigne*, tantôt celui de *baillée de vigne*, à devoirs de tiers ou de quart, ne figure la moindre aliénation des droits *exclusifs*, du bailleur sur la propriété du fonds. Bien au contraire, le propriétaire s'y réserve *toujours* le droit, en cas d'inexécution des engagements du colon, de reprendre sa propriété immédiatement, sans formalité de justice, comme sans indemnité !

La durée de la convention y est indéterminée ou y est souvent indiquée comme faite « *à jamais* » sous la condition, *(condition résolutoire)*, nettement et invariablement exprimée de l'exécution des devoirs et obligations du colon.

Le paiement des droits de lods, franc-fiefs, centimes-deniers, rentes foncières et impôts de toutes sortes... comme la réparation du chemin aboutissant au fonds, sont à la charge du bailleur; celui-ci fixe la date des vendanges, obligatoire pour le preneur; dispose toujours, des arbres qui se trouvent sur le terrain, les émondes seules étant généralement dévolues au colon, etc... etc...

Comment soutenir après cela, avec une apparence de raison, que les complanteurs ont acquis un droit à la propriété des terrains baillés ou même un droit exclusif à la propriété des vignes complantées!

A la vérité, la nature spéciale d'un pareil contrat qui unit dans son exécution, à durée indéfinie, des intérêts qui semblent par cela même à jamais indivisibles, a pu porter des esprits animés des meilleures intentions, quoique par trop fantaisistes, à en déduire d'ingénieuses considérations, mais il faut bien le reconnaître, malgré les dissertations les plus éloquentes, malgré les théories les plus suggestives, le caractère très net et bien démarqué des droits de chacune des parties, se manifeste dans tous les baux à complants, à savoir : association (nous em-employons le mot) d'intérêts communs, à durée indéfinie, mais dont le terme est subordonné à l'exécution ou l'inexécution des engagements des preneurs ; droits réservés du propriétaire du fonds; absence absolue, en tous cas, de l'aliénation de ces droits, comme absence absolue, pour le colon, de tout droit d'accession à la propriété du fonds.

Au reste, laissons parler les actes par eux-mêmes; ils exprimeront mieux que nous et que d'autres encore, ce qu'ont voulu faire et ce qu'ont entendu convenir dans leurs contrats, et pour toujours, « à jamais », les parties intéressées.

PRISE DE VIGNE A DEVOIR DE TIERS

Aux Trois-Métairies, paroisse de VERTOU

En date du 3 mai 1639

« Sachent tous que par devant les notaires royaux de la » Cour de Nantes soussignés, avec soumission et prorogation » de juridiction, etc... fut présent en sa personne honorable » homme Charles Balais, m^e apothicaire à Nantes, demeurant » paroisse de Saint-Denis, au nom et comme procureur et soy » faisant fort de noble homme Gervais Chevrier, sieur des » Trois-Mettairies et demoiselle Marie Angevin, son épouse..., » lequel Balais au dit nom a, pour les dits sieurs et dame des » Trois-Métairies, leurs hoirs successeurs et cause ayant » *baillé, ceddé et délaissé*, aux charges et conditions cy-après... » à Math. Jehanneau stipulant et acceptant, tant pour lui que » pour Math. Jehanneau, son fils, Math. Choblet, Jean et » Julien les Saupins, Pierre Bussaud, J. Bussaud, G. Bussaud, » Math. et P. Brossaud, J. Mouillé, J. Aubin, A. Rivet, » J. Farineau, J. Levesque, L. Couprie, J. Jehanneau stipulant » pour lui, etc. Et. Jehanneau son fils Pierre... les tous » laboureurs demeurant en la paroisse de Vertou, scavoir est :

» Un grand clos et pièce de terre, appelé le Clos des Châtai- » gners, dépendant de la dite maison des Trois-Métairies, » planté en vieille vigne, rouge et blanche meslée, à présent » gastée, ruinée, délaissée, contenant quatre-vingts hommées » ou environ quoique soit, ainsi que le dit clos se poursuit et » contient, borné d'un côté un clos de vigne appelé clos » Soreau, fossé entre deux dépendant du dit clos du Châtai- » gner, d'autre côté de la Vannerie, d'un bout les Ouche- » Maillard dépendant du lieu des Trois-Métairies, lequel est » fait et tenu à devoir de quart par plusieurs particuliers.

» A la charge aux dits preneurs d'arracher le vieux plant » qui est à présent au dit clos et passé de ce, labourer, cultiver » et mainsser bien et duement la dite pièce et clos des Châtai- » gners et de l'ensemencer cette année seulement soit en blé, » froment, orges ou autres semances, à leur choix, et rendre » le dit clos de vigne replanté dedans le mois de may de » l'année 1641.

» Et replanteront le dit clos en bon plant de Bourgogne et » Pineau, laboureront bien et duement de toutes ses façons en » temps et saisons convenables savoir raiser, tailler, dechausser, » bêcher et biner. A la charge outre de payer au bailleur au » dit nom le *tiers des fruits* qui croîtront chacun an en la dite » pièce de vigne et le clos du Chataigner et rendre le dit » tiers à leurs frais au dit lieu des Trois-Métairies après que la » vendange aura été partagée sur le champ à la somme (1), » qui sera par eux rendue au pressoir du dit lieu des Trois- » Métairies.

» Lesquels fruits les dits preneurs ne pourront recueillir » ni ouvrir le dit clos pour le vendanger sans l'exprès congé » et permission du dit sieur bailleur au dit nom. *Et au cas* » *que les dits preneurs ou l'un d'eux manqueraient à faire le dit* » *clos de toutes les façons* en temps et saison, *il sera loisible au* » *dit bailleur* au dit nom *de s'emparer des cantons qui auront été* » *mal cultivés et en faire nouvelle baillée à autre personne. ou* » *autremant en disposer*, comme bon lui semblera, sans que les » dits *preneurs* puissent lui apporter aucun obstacle et empê- » chement.

» Sans laquelle clause le dit présent bail n'auroit été ainsi » fait ny consenty.

» Seront aussi les dits preneurs tenuz et obligez de relever » les fossés autour du dit clos et les replanter de bon plant » aux lieux et endroits que besoin sera, en temps et saison.

» A tout quoy faire et accomplir les dits preneurs *s'obligent* » *sur tous et chacuns leurs biens, meubles et immeubles présents et* » *futurs par exécution et vente d'iceux en cas de défaut*, se tenant » pour tout sommé et requis et avec lesdites conditions, le dit » sieur Balais au dit nom s'est devestu du dit clos et pièce du » Châtaigner pour en jouir à l'avenir comme de leurs autres » biens et propres héritages.

» Et est convenu entre parties qu'au cas que cy après le » s^r prévost de Vertou évinceroit le dit clos et pièce de terre » contre ledit sieur Chevrier et compaigne, leurs hoirs succes- » seurs, les dits *preneurs* ne pourront prétendre aucuns garen- » tage vers eux *du présent bail*, ni aucuns despens, dommages » ni intérests.

---

(1) On appelle « *somme* » la contenance de deux « *portoirées* » de raisin. La portoire est un récipient en bois, cerclé, d'une contenance de 50 à 60 litres.

» Ainsi ont consenti et consentent que le bailleur les em-
» ploye en ses augmentations et améliorations jusques à la
» concurrence de celle qu'il auroit cy-devant fait liquider par
» devant M. le Sénéchal de Nantes avec ledit sieur provost,
» et où elle excéderait, le surplus appartiendra ausdits pre-
» neurs.

» Promis, juré, renoncé, obligé, jugé et condamné, etc.

» Fait et consenti au dit Nantes au tablier de Charier, no-
» taire royal.

» Et pour ce que les dits preneurs ont dit ne savoir signer,
» ont fait signer à leurs requêtes, etc.

» Le 3e jour de mai l'an 1639 avant midy.

» PARTAGE. — Et divisant les dits preneurs le dit clos par
» entr'eux, ils sont demeurez d'accord qu'il en demeure au dit
» Pierre Bussaud dix hommées des Bregeons du côté de la
» Terre-Soreau, etc.

» Suit une ratification du sieur des Trois-Métairies en date
» du 18 février 1639, c'est-à-dire une procuration au dit sieur
» Balais.

» Collationné sur une copie de 1668, le 6 juin 1730, par
» Bertrand, notaire à Pirmil.»

Nota. — Ce bail, comme certains de ceux qui vont suivre et précédés d'un *, ont été extraits des travaux de la Commission chargée d'étudier le régime des vignes à complant en l'année 1895, travaux dont il sera parlé au cours de la présente étude.

---

* PRISE DE VIGNE A DEVOIR DE QUART

Au Petit-Boireau, paroisse du LOROUX-BOTTEREAU

En date du 29 septembre 1679

« Devant nous, notaires du Marqizat de Goulayne soussi-
» gnés, ce vingt-neuf septembre mil six cent soixante-dix-neuf,
» avec soumission et prorogation de juridiction, est comparue
» haute et puissante dame Yolande de Goulayne, marquise

» dudict lieu, épouse séparée de biens de haut et puissant » Messire Claude, Marquis du Chastel, demeurant en son » château paroisse de Haute-Goulayne, laquelle *a baillé et* » *transporté* à Mathieu Bouyer, laboureur, demeurant au ma- » gasin noble de la Roche du pont de Loüan, et Mathurin » Bécot, aussi laboureur, demeurant au village de la Coindrie, » les deux paroissiens du Loroux-Bottreau, présens et accep- » tans, scavoir est : la pièce du Petit-Boireau contenant trois » cartiers et un sézième de cartier suivant le gauleage et raport » verbalement fait par M^{tre} Pierre Marot à ce commis de lad. » Dame, du consentement *desdits preneurs* de laquelle elle se » réserve les bois qui sont autour et en icelle, située en ladite » paroisse du Loroux, joignante d'un bout le clos du Grahory, » d'un costé le fief de vigne du Grand-Boireau, d'autre costé » et d'un bout, les jardins et chemin dudit village de la Coin- » drie audit pont de Loüan.

» A la charge de la planter en vigne blanche dans le mois » de may prochain, icelle éprouer et façonner de deux bons » tours de pic taillée, raisée et dehouettée en temps et saisons » convenables et la tenir bien close parceque s'il y est fait dom- » mage, ils le portront en privé nom. Et en cas que ladite » vigne *demeureroit une année sans estre faicte desdictes façons,* » ladite dame ou les *si ns s'en pourront emparer.*

» Les dommages et intérêts néanmoins payés par lesdits » Bouhier et Becot qui s'obligent solidairement l'un pour » l'aultre, renonçant au bénéfice de division, ordre de droit » et discussion de leurs biens meubles et immeubles, suivant » les ordonnances royaux ; de donner à ladite dame en faveur » du complant de lad. pièce, la somme de quarante-quatre » livres par cartier, faisant ensemble cent trente-quatre livres » quinze sols payables à six termes qui est pour chacun d'iceux » vingt-deux livres neuf sols deux deniers à commancer le » premier payement de la Toussaint prochaine en un an et de » la manière continuer.

» Et luy bailler tous les ans quand lad. vigne sera en rapport » après que l'ouverture leur en sera faite, le quart de la ven- » dange et un bon chapon ou argent le vallant par chacun » desd. cartiers au choix de lad. dame rendus à leurs frais » audit lieu du pont de Loüan avec le droit de foulage et paye- » ront dixme à l'église.

» Fait et consenty audit chasteau de Goulayne sous le sein
» de lad. dame ; pour ce que *lesd. preneurs* disent ne savoir
» écrire ont fait signer à leur requeste ledit Bouhier à Louis
» Eguin et ledict Bécot à Jan Auger. Ainsy signé au registre,
» Yolande de Goulayne, Louis Esguin, Jan Auger, Davy, no-
» taire, et Péan, notaire registrateur.

» A signé : Péan, notaire. »

---

* PRISE DE VIGNE A DEVOIR DE QUART

En la paroisse de LA CHAPELLE-HEULIN

En date du 28 mai 1728

« L'an mil sept cent vingt huit, le vingt huitième jour de
» may avant midy, devant nous notaires du marquisat de
» Goulaine et de la juridiction des Montils de Bazoges, avec
» soumission et prorogation de juridiction y jurée etc.....

» A esté présent en sa personne noble et discret messire
» Allain Drouet, prêtre recteur de la paroisse de la Chapelle-
» Heulin, y demeurant en son presbytaire au bourg de la
» paroisse de la Chapelle, lequel a baillé et affermé avec
» promesse de garantage et jouissance paisible pour le temps
» de sept ans qui commenceront au jour et feste de Toussaints
» prochaine et à pareil jour finir, le dit temps finy et accomply,
» à André Bosseau, laboureur, et Jeanne Vezin, sa femme,
» elle de son dit mary bien et deuement authorizée pour l'exé-
» cution des présantes, demeurants au lieu de la Houssais,
» paroisse du Loroux-Bottereau à ce présants et acceptants,
» sçavoir est : le bordage de la Houssais où ils demeurent
» consistant en logements, rues et issues, droit de commu-
» nauté au four et puy, etc.....

» De plus *ledit bailleur cedde et transporte à titre de complant*
» *ausdits preneurs pour lui et les leurs*, sçavoir est :

» Dans la pièce des Gripousses, une quartelle de terre
» contenant soixante six gaulles que lesdits *preneurs* ont dit
» bien sçavoir et connaître.

» A la charge auxdits preneurs de planter lad. quartelle » de terre de bonne vigne blanche incessamment, d'en » jouir *en bons ménagers,* de la faire et façonner à l'usage du » pays en bonne et deue saison, de la graisser et manisser » par ragannes au moins de dix ans en dix ans ; comme aussi » de payer le devoir de quart des fruits de vendanges qui » croisteront dans ladite vigne, chacune dite année, rendable » sçavoir : sy c'est *led. sieur bailleur* qui en jouist au bourg de » la Chapelle-Heulin, et sy c'est le fermier du lieu de la » Houssais au même lieu : et de payer pour le droit de chapon » deux bons poulets ou un chapon, outre la dixme à l'église.

» Ne pourront lesdits *preneurs* vendanger la dite vigne sans » l'expresse permission dudit sieur *bailleur* ou gens de sa part, » et ne passeront par autre route que celle qui leur sera par » lui désignée.

» Et à l'accomplissement de tout ce que devant se sont les » dites parties réciproquement, etc.....

» Fait et passé au bourg de la Chapelle-Heulin, étude de » Dreux l'un desdits notaires soubsignez.

» Signé Drouet recteur, Renard, Guilbaud et Dreux » notaires. »

---

* PRISE DE VIGNE A DEVOIR DE QUART

A l'Evrière, paroisse du LOROUX-BOTTEREAU

En date du 28 novembre 1728

« L'an mil sept cent vingt huit, le vingt huitième jour de » novembre, avant midy, devant nous nottaires du marquisat » de Goullaine et de la juridiction des Montis de Bazoges avec » soumission et prorogation de juridiction y jurée etc.......

» A comparu en sa personne écuyer Jan Rogues, sieur de » Levrière, demeur[t] à sa maison de l'Evrière, paroisse du Lo- » roux-Bottereau, lequel a pour luy les siens et successeurs » *ceddé, quitté et transporté à titre de complant* et aux devoirs cy » après déclarés, à François Bondu, laboureur à bœufs, demeu- » rant à la métairie du Bois de la Poëze, dite paroisse du Lo- » roux-Bottereau, à ce présant et acceptant aussy *pour luy et*

» *les siens à perpétuité*, scavoir est : dans la pièce de la Garenne » un quanton de terre contenant quatre boiscellées borné d'un » costé à Jamin, etc.

» A la charge audit Bondu de le planter en bonne vigne » blanche au moys de may prochain, après l'avoir labouré, de » bécher à l'avenir ladite vigne de deux bons tours de piq, après » l'avoir raisée, dehoittée et taillée le tout en deue saison » convenable, et enfin d'en *jouir en bon ménager et père de* » *famille* sans rien démolir ny gaster, le tout suivant l'usage » du pays, comme aussy de payer audit sieur de Levrière le » quart des fruits de vendanges qui croisteront dans la même » vigne, rendable au pressoir de ladite maison de l'Evrière, » vingt-quatre sols pour le droit de chapon par quartier qui » ne se payeront qu'en l'année 1733 et le droit de foulage.

» Ne pourra *ledit preneur* vendanger ladite vigne sans » l'expresse permission *dudit bailleur*.

» ..... Et au cas que iceluy preneur néglige de faire » aucune des façons de ladite vigne, *pourra ledit sieur preneur* » *y rentrer sans aucun ministère de justice*, etc.

» Fait et passé au bourg de la Chapelle-Heulin, étude de » Dreux, l'un desd. notaires soubzsignés, où ledit sieur » Rogues a signé.

» Ont signé Jan Rogues, Dreux et Drouet notaires. »

PRISE DE VIGNE A DEVOIR DE QUART

Au Martret, paroisse du LOROUX-BOTTEREAU

En date du 6 décembre 1735

« L'an 1735, le 6 décembre, avant midi, par devans nous, » soussignés, notaires des cours et juridictions de la Haie- » Bottereau, Beauchesne, le Chesne, etc., avec soumission et » prorogation de jurisdiction y jurée, a comparu en personne » demoiselle Jeanne Grellier, veuve du noble homme François » Pascrais, demeurant ordinairement à Gesté, province » d'Anjou, et de présent en cette ville du Loroux-Bottereau, » laquelle *donne et laisse* à Antoine Teigné et Anne Poinot, sa » femme, sur ce présents et acceptans, la ditte femme de son

» mary, à sa requête authorizée pour l'effet et validité des pré-» sentes, demeurant en cette ville du Loroux, *à devoir de* » *quart*, le nombre de six hommées de vigne situées dans le » clos du Martret, proche cette ville..... Toutes lesquelles » planches au nombre de treize font la consistance des six » hommées que les dits Teigné et femme ont dit parfaite-» ment connoître et dont la ditte demoiselle Pascrais *leur* » *laisse* comme ci-dessus dit, le *complan pour en jouir en bon* » *père de famille*, à la charge à eux d'en paier à la ditte demoi-» selle, par chacun an, le quart de la vendange qui y croîtra, » de paier en entrant dans le clos chaque année la somme de » dix sols pour droit de chapon, de n'entrer dans le clos » qu'après que l'ouverture en aura été publiée, de passer par » la route quartière, d'apporter le quart des dits fruits de ven-» dange au pressoir de la ditte demoiselle Pascrais en cette » ville de faire et façonner la ditte vigne de tous ses » tours en tems et saison, scavoir : raiser déhoueter, » tailler, bêcher et rebêcher tous les ans, même de » graisser et manisser la ditte vigne tous les sept ans, *à faute* » *de quoi, il sera loisible à la ditte demoiselle d'expulser les dits* » *Teigné et femme et de reprendre le dit complan pour en disposer* » *à son gré*. bien entendu. Cependant que les dits Teigné et » femme ne seront pas tenu de graisser le tout dans un an, » mais seulement à différentes fois, de façon que le tout se » trouve fait au bout des sept ans, entretiendront la ditte vigne » bien plantée et ne pourront y mettre d'autre plante que du » Bourguignon ou muscadet. Toutes lesquelles conditions ont » été acceptées par les dites parties, etc.....

» Fait et passé au Loroux-Bottereau au rapport de Calvez, » notaire soussigné, sous le seing de la ditte demoiselle » Pascrais pour son respect. Et parce que les dits Teigné et » femme ont dit ne scavoir signer, de ce enquis suivant » l'ordonnance, ils ont fait signer à leur requête....

» Signé : CALVEZ,

Notaire. »

PRISE DE VIGNE A DEVOIR DE QUART

Au Grand-Boireau, paroisse du LOROUX-BOTTEREAU

En date du 16 avril 1764

« L'an mil sept cent soixante quatre, le saizième jour d'avril, » avant midy, devant nous nottaires du marquisat de Goul- » laine soussigné avec soumission y jurés, a comparu dame » Marie Magdelaine Ravard veuve d'escuyer Louis Gauvain, » sieur de la Jousselinière demeurant à Nante, rue des Carme- » littes paroisse de Saint Denis, laquelle a, tant pour elles, » les siens, hoirs, successeurs et cauz ayants *à jamais ceddé et* » *transporté à devoir de complant*, à François Pineau, métayer » demeurant à la Sanglère, paroisse du Loroux Bottereau, à » ce présent et acceptent, sçavoir est : **le complant seul-** » **lement et non le fond** *des trois hommées de vignes* en » trois planches sittuées au clos du grand Boireau, en cette » ditte paroisse du Loroux, bornée d'un costé Jullien Joubert, » d'autre costé Jean Bonneau, d'un bout le grand chemin du « pont, et d'autre bout la pièce des Charons que ledit Pineau » a déclaré bien sçavoir et connoistre, partant à renoncer à en » demander plus ample explication pour les avoir nouvelle- » ment plantées depuis les trois ans derniers par l'ordre de » laditte dame.

» A la charge à luy d'en *jouir en bon mesnager et père de* » *famille*, de les bien faire et façonner tous les ans de ses » tours et labours ordinaires, suivant l'usage du pays et en » temps et saisons convenables, de les graisser et terrasser » dans la présente année ou la prochaine, et ensuitte de sept » ans en sept ans *conformément aux arrest et règlements de la* » *Cour*, de la tenir bien plantée, d'en payer tous les ans à » laditte dame à son pressoir du Margat rendu à ses frais le » quart de la vendange qui y croistera, avec cinq sols pour » droit de chapon, après que le clos aura été assigné de la » part de laditte *dame bailleresse* ou ses fermiers, et enfin de » les tenir bien closes et fermées ; parce que, pour cet effet, il » aura la disposition des fournilles et emondes des arbres » seullement, ainsi qu'il fust convenu lors de la plantation, et » qui se trouveront dans les chaintres et hayes aoir d'ycelles.

» Parce qu'aussy ledit *preneur ne pourra vendre et allienner le* » *susdit complant* de vigne sans en donner avis à ladittе dame. » Et faute d'exécutter les conditions cy dessus *elle pourra s'en* » *emparer sans autre formallité de justice.* Lequel susdit com- » plant a été estimé valloir de revenu annuel trente sols ; à » quoy faire tenir et accomplir s'est icelluy preneur *obligé et* » *oblige sur lhypothèque et obligation de tous et chascuns ses biens* » *meubles et immeubles* présents et futurs quelconques, pour » estres iceux, en cas de deffaut, *exécuttée saisys criés* et *vendus* » etc. Ce qui a été ainsy et de la manière voullue et consenty, » promis, juré, obligé etc.

» Fait et passé en la ville dudit Loroux, étude et au rapport » de Grasset l'un des dits nottaires sous le seingt de la ditte » damme etc.....

» Signé : GRASSET,

Notaire. »

RECONNAISSANCE DE VIGNES A TIERS

donné par Pierre BUSREAU, jardinier, au seigneur de la Canterie, en Saint-Fiacre

30 Octobre 1770

« L'an mil sept cent soixante-dix et le trante octobre. Devant » nous, notaires du Marquisat de Goulaine soussignés, avec » soumission et prorogation de juridiction y jurée.

» A comparu Pierre Busreau jardinier à Nantes, y demeurant » rue Saint-André, paroisse de Saint-Clément, et de présent au » bourg et paroisse de Saint-Fiacre lequel a reconnus, tenir à » devoir *de tiers et chapons* ainsy qu'il sera ci-après expliqués de » méssire Grégoire Demarquez, prestre, docteur de la faculté » de théologie de Paris, maison et sociétté Royale de Navare, » chanoine de la cathédrale de Vannes, seigneur de la Canterie, » les vignes qui suivent.....

» Toutes les susdites vignes à la mesuré de Clisson, qui est » de soixante gaulles au journal, et siltuées en ladite paroisse » de Saint-Fiacre. Et valloir en fond trois livres le journal, et » comme il y en a le nombre de sept journaux cella fait la

» somme de vingt une livres, la quelle déclaration il fait pour » faciliter les droits de contrôle du présent acte, sans que néan- » moins elle puisse nuire à Busreau en façon quelconques, letout » en égard aux obligations auxquelles il est sujet envers le sei- » gneur de la Canterie qui sont, premièrement, de faire et façon- » ner et menager les dittes vignes en bon ménager et père de fa- » mille en temps et saisons convenables. Secondement de leur » donner tous les tours et façon, qui sont, de raiser, déchausser, » tailler, becher et rebecher, et ce en temps et saisons conve- » nables. Troisièmement de bien entretenir plantées les mêmes » vignes lorsqu'il y manque du plan, et de les tenir closes et » bien fermées aux endroits ou il y a des hais nette dépines, et » halliers sans y laisser croistre aucuns arbres de quelques espè- » ces qui ce soit, de gresser et terrasser, celles qui ne lont pas » eité, dans le courant des trois premières années acompter de » la toussaint Et ensuite tous les neuf ans ; Dans lesquelles » vignes ledit Busreau a *reconnus ne pouvoir entrer vandanger sans* » *l'expresse permission* du seigneur propriétaire de la Canterie ou » de ses fermiers, de payer avant de pouvoir vandanger dix- » huit deniers par journal, de passer la vandange par les routes » quartières ordinaires et non par ailleur, de mener le tiers de » la vandange qui croist tous les ans dans lesdittes vignes *(après* » *quycellui tiers aura été pris et choisi par le seigneur de la Canterie* » *ou son fermier ou les carteurs)* aux pressoirs de la Maison de la » Canterie à ses frais ainsy que de fouler y celte vandange » comme aussy de ne pouvoir vandanger lesdittes vignes sans » préalablement en donner avis au dit sieur abbé de parant » Marquez, ou au chargé de ses pouvoirs ; a tout quoy le com- » nous a dit s'obliger, et comme de fait, il s'oblige sous » PAIENNE DE PERTE DE SES DITTES VIGNES. En outre de remettre » dans le mois à ses frais, audit seigneur abbé de Marquez ou à » son fondé de pouvoirs une copie en düe forme du présent » acte et du tout nous a requis lui rapporter acte pour lui » valloir et servir ce que de raison, ce que nous lui avons » octroyés. Fait et passé en l'Etude, etc...

» Signé : Pierre BUREAU ; LEFEBVRE, notaire. »

Acte trouvé en l'Etude de feu Me Bonnigal, notaire à Vertou. (Me Baudry, notaire successeur.)

RECONNAISSANCE DE BAILLÉE DE VIGNE A DEVOIR DE QUART

donnée par plusieurs colons de la paroisse de Chateauthébaud et de Vertou

29 Octobre 1771

« L'an mil sept cent soixante onze et le vingt-neuf octobre » devant nous notaires du Marquisat de Goullaine, juridiction » de la templérie Bourdinière. Et Grasmoutou, sousigné avec » soumission et prorogation de juridiction y jurée.

» Onts comparu en personne Mathurin Doussaint, Mathurin » Grais, Pierre Merceron, Mathurin Bornié, Pierre Gentil, René » Mênardiau, Pierre Poiron, Mlle Magdelaine Sanson fille » majeure, jean boutin., Marchal., pierre Poudrot charpentier » demeurant les tous séparément au bourg et paroisse de Cha- » teauthébaud. Jean Vallée laboureur à Saterre demeurant audit » village de la Hais, même paroisse, pierre Sautejeau laboureur » demeurant à l'Herbrée paroisse de Vertou, Michel-Anne et » Marguerite Saupain mineures émancipés de justice et procé- » dant sous lhothorité de Jean Vallée leur curateur et celluici » pour l'authoriser, demeurante lesdits Saupain ensemblement » au village de l'Herbrée, ditte paroisse de Vertou ; et ledit » Vallée au village de la hais paroisse de Chateauthébaud ; » françois Jauneau en qualité de tuteur de françois Pertui » demeurant audit bourg et paroisse de Chateauthébaud. René » Courjeaudain demeurant aux poteries, pierre Courjeaudain » demeurant à la hais, Louis le Roy demeurant au même village, » et françois Couillaud demeurant au susdit village de la hais, » les tous ditte paroisse de Chateauthébaud ; lesquels ont dit » tenir ensemblement, néantmoins emparticuliée a devoir de » quart ainsi qu'il sera ci-après expliqués : de noble et discret » messire, françois Couillaud de la Rive, prestre, chanoine de » la collégiale de Nantes, prince du prieuré de Saint-Thomas » de ladite paroisse de Chateauthébaud ; et comme étant aux » droits des dammes prieures et Religieuses de la Regripière » demeurant, ledit s^r^ abbé de la Rive à Nantes, place des Chan- » ges paroisse de St Saturnin, aussi présent et acceptant. de la

» part dudit Doussaint, au fief de la fuselicre, une planche de » vigne, etc...

....

» Toutes lesquelles vignes les parties ci-devant dénommées » ont dit pouvoir valloir en fond la somme de trois livres, la » boisselés ou journal, qui est de soixante gaulles au journal et » la gaulle de dix pieds, mesure de Clisson, sans que la présente » estimation puisse leur préjudicier en aucune manière, ne la » faisant que pour fixer le controlle du présent acte, le tout en » égard aux obligations auxquelles ils sont tenus envers ledit » abbé de la Rive, comme étant aux droits, des dames Reli- » gieuses de la Regripière pour lesdits articles qui dépendant » du prieuré de St Thomas ; lesquels sont de terrasser et » gresser tous les neuf à dix ans lesdittes vignes, de les faire » façonner et ménager en père de famille, de leur donner leurs » tours et fassons qui sont de raiser; déchausser, tailler, bêcher » et rebêcher en tems et saisons convenables ; de tenir closes » et bien fermées aux endroits ou il y a des hais, nettes dépi- » nes, et halliers et aux cas qua *la mi août elles n'ayent pas eü la* » *détournure,* le sr abbé de la Rive, ou ceux qui le représente- » ront, *prendra un droit moitié plus fort* que si elles auroient eu » leurs façons ET S'EN EMPARERA MÊME S'IL LE JUGE A PROPOS » SANS AUTRE FORME DE PROCÈS ; LE TOUT SUIVANT L'USAGE » ET LA COUTUME DU LIEU. Dans lesquelles vignes les » parties n'auront dit ne pouvoir entrer vendanger sans l'ex- » presse permission du sieur abbé de la Rive, de payer tous les » ans audit sieur abbé de la Rive le quart de la vandange qui » croit aux dits clos de vigne des fuzelières des Granges ; des » hais et clos de la Roche ; ainsy que le quart des soixante » gaulles possédées par ledit Julien Thébaud siltuée dans le fief » clément, dépendant du prieuré de St Thomas. Sur la totalité » de laquelle vandange la dixmes se paye à l'église, fors celle » du fief de vigne de St Clément qui se perçoit par le prieur de » St Thomas ainsi que sur plus des autres vignes dépendant » du dit prieuré ; les comparants ont exactement reconnus » estres obligés de passer leur vandanges par les routes quartiè- » res et ordinaires, et de mener le quart de leur vandange après » qui celui quart aura été pris et choisie par ledit sieur abbé de » la Rive ou ses écarteurs à son pressoir à Chateauthébaud et » ce a leurs frais, ainsi que de fouler et égouter laditte van- » dange.

» *De tout quoy les comparants nous ont dit être obligés* A PEINE » DE PERTE DE LEURS VIGNES et nous ont requis leurs » rapporter le présent acte que nous leur avons octroyés, ce qui » a été ainsi et de la manière voulue et consentie, promis tenir » et accomplir sans y contrevenir. Fait et passé au bourg de » Saint Fiacre, étude et au rapport de Lefebvre, l'un des notai- » res soussignés sous les seings de Cornié, Jantel, Poiron, » Boutin, Pouvrot, etc...

» Signé : LEFEBVRE, notaire. »

Trouvé en l'Etude de feu Me Bonnigal, notaire à Vertou. (Me Baudry, notaire successeur.)

PRISE DE VIGNE A DEVOIR DE TIERS

à la Bourdinière, paroisse de Chateauthébaud

Du 30 octobre 1778

« L'an mil sept cent soixante dix huit et le trantième octobre » avant et après midy ; Devant nous notaires du marquizat de » Goulainne et juriddiction de la templerie Bourdinière soussi- » gnés avec prorogation de juriddiction y jurée. A comparus » Dame Marie-Magdeliainne Coislier veuve, noble homme, Lau- » rent Lefaou de la Trémissinière, dame de la Bourdinière, de- » meurante à nantes aux changes, paroisse de Saint Saturnin et » de présente à son chateau de la Bourdinière, paroisse de Cha- » teauthébaud, laquelle à part ces présentes ceddé et donné pour » elle et les siens à devoirs de tiers à François Gaudin fils, labou- » reur à Bœufs, et Marie Potier, sa femme, demeurant ensemble- » ment à la meitairie des Croix, et Joseph Pertuis aussi labou- » reur à Bœufs, et Françoise Bahuaud sa femme demeurants en- » semblement à la métairie du pas Breton, les deux, paroisses de » Châteauthébaud, présents, stipulant, et acceptant pour eux, » les leurs ; lesdittes femmes elles, requérantes de leurs maris » bien et valablement autorizées pour l'exécution des présentes, » et ce, les tous, jointement et solidairement les uns pour les » autres, un d'eux seul pour le tout, savoir est dans le clos de » vigne nommé Sainte-Gabriel.....

» Le tout desdits vignes situées entre cols de défunt Gabriel
» en la paroisse dudit Chateauthébaud icelles mesurent à la
» Gaulle de dix pieds, chaque pieds de douze pouces; les
» quelles portent sauf erreur à dix-huit hommées quinze Gaulles
» et demies; que lesdits Gaudin, Pertuis et leurs femmes ont
» dit bien savoir et connaître; pour les avoir vendangés en
» communs cette présente année pourquoy ils renoncent a de
» plus emples spécification, ny montrée les acceptant dans
» l'état qu'elles sont; à la charges a eux: premièrement de
» rendre de païer tous les ans, aux pressoirs du chateau de la
» Bourdinière, le tiers de la vandanges qui croîtera en lesdittes
» vignes; après qu'y celles au tiers aura été pris et choizie par
» les seigneurs de la Bourdinière ou leurs équarteurs; de ne
» pouvoir vandanger les susdittes vignes, qu'au jour qui sera
» yndiqués de païer tous les ans, par chaque hommée de droit
» d'entrée, et chapons, deux sols; de Biens fouller deux fois
» la vandanges lorsquel sera rendus au pressoir, ensuite la
» mettre dans les égoutoirs; de faire façonner et menager les
» vignes suivant l'uzages qui est, de les raiser, tailler, déchaus-
» ser, bêcher, et rebêcher en temps et saisont convenables, de
» les tenir biens planters sans qu'il y manques du plans, d'y en
» mètres et planter à neuf dès cette année en celles où il en
» manques; même de labourer, bêcher et de planter à neuf les
» endroits où il n'y a point de plants, *le tout à leurs frais,* de la
» tenir cloze aux endroits où il y a des hais, de n'y laisser
» croitre ny alliers ny buissont ni arbres, de gresser lesdittes
» vignes tous les six a sept ans avec de bon fumier, bien con-
» somés; *de ne point aracher la plus petite partie desdits vignes,*
» sous *quelques prétexte* que ce soit; *de ne la point vandre cedder*
» *ny autrement en disposer consentent les preneurs qu'a déffaut*
» *d'inexécution d'une des* SEULES CONDITIONS *cy dessus*
» *exprimée il sera permis à la dame de la-Bourdinière et aux siens*
» DE DISPOSER DESDITS VIGNES SANS AUCUNES FORMALITÉS DE
» JUSTICE, *ny que le cas arrivant elle soit sujète a aucuns dedo-*
» *magements envers les preneurs, ny les leurs. sous quelques pré-*
» *texte que ce soit*, par *convension expresse et sans laquelle clause le*
» *présent acte tient en lieu;* s'obligent en outre les comparants de
» remetre ynsesament et a leurs frais à la dame de la Bourdi-
» nière UNE GROSSE en-velin du présent acte, sauf au partie à
» partager entre elles.... quelques vairont, les vignes cy devant

» exprimée, et elles ont en outre déclaré estimer le complant » de chaque hommée de vignes vingt sols.

» A tout quoy faire tenir exécuter et entretenir lesdits Gau- » din, Pertuis et leurs fames, s'obligent ensemblement, jauste- » ment solidairement, les uns pour les autres *sur l'hipotèque et* » *obligation de tous et chacun leurs biens meubles et ymmeubles* » *present et futures ;* voulus, consentis, stipulés et acceptés faite » et passé au bourg de Chateauthébaud, sous le fief de la Bour- » dinière, au rapport de Lefebvre notaire, sous les seings de la » dame le Faou et Pertuis ; et sur ce que les autres parties ont » affirme ne savoir signé de ce enquize elles ont fait signé à » leur requête : Gaudin, à Nicolas Sécher ; sa femme à françois » Chénard ; et celle de Pertuis a J. Lefebvre ; sur le présent les » dits jours et ans que devant, après lecture leur fait des pré- » sentes elles ont déclaré y persister. »

Suivent les signatures des parties et celle de Lefebvre, notaire.

Acte trouvé dans l'étude de feu Me Bonnigal, notaire à Vertou, (Me Baudry, successeur).

BAILLÉE DE VIGNE A DEVOIR DE MOITIÉ ET DE TIERS

à la Bourdinière, paroisse de Chateauthébaud

Du 15 Mai 1779

« L'an mil sept cent soixante dix neuf et le quinzième may, » après-midy.

» Devant nous notaires du marquisat de Goulainne, et juri- » diction de la templerie Bourdinière soussignés avec soumis- » sion et prorogation de juridiction y jurée.

» A comparu dame Marie Magdelaine Coislier veuve noble » homme Laurent, Lefaou de la Trémissinière, dame seigneure » de la templerie Bourdinière, le Chatelier, et autres lieux » demeurante à Nantes, carfour des Changes, paroisse de Saint » Saturnin et de présente à son chateau de la Bourdinière pa- » roisse de Chateauthébaud, laquelle a par les présentes ceddé

» et donné a Devoir de tiers et moiltié a Pierre Sautjaud dit » des Montis, et pierre Sautjaud son fils mineur, émancipé de » droit par son mariage avec Jeanne Saupin, demeurant en- » semblement au village des Montis, paroisse de Chateauthé- » baud aussy présents et stipulant et acceptant pour les leurs » successeurs et causes ayant :

» Savoir. . . . .

» A la charge premièrement de païer et rendre tous les ans » aux pressoirs de la maison du Chatellier le tiers de la ven- » dange qui croistera en lesdites vignes, fors du dernier article » qui est leur à devoir de moitié, de la même maison après qui » ceux tiers et moitié auront été pris et choisis par les seigneurs » du Chatellier ou leurs écarteurs ; de ne pouvoir vandanger » les susdittes vignes qu'au jour qui sera indiqué ; de païer tous » les ans par chaque homée le droit de chapons. deux sols, de » bien fouler deux fois la vendange, ensuitte la mettre dans les » égoutoirs, de faire façonner et menager les dittes vignes sui- » vant luzage du lieu qui est de les raizer, tailler, déchaus- » ser, bêcher et rebêcher en temps et saisons convenables, de » les tenir bien plantées sans qu'il y manque du plan, de les » tenir closes aux endroits ou il y a des hais, de ny laisser » croistre ny haliers, ny buissons, ny arbres ; de gresser tous » les sept ans les susdittes vignes avec de bon fumier bien con- » sommé, *de ne point arracher par la suite la plus petite partie » desdittes vignes sous quelque prétexte que ce soit ;* de ne la point » *vandre cedder ny autrement en disposer consentant les preneurs* » qu'à DÉFAUT D'INEXÉCUTION D'UNE DES SEULLES DISPOSITIONS » CI-DESSUS EXPRIMÉES, IL SERA PERMIS A LA DAME DE LA BOUR- » DINIÈRE ET AUX SIENS DE DISPOSER DESDITTES VIGNES SANS AU- » CUNES FORMALITÉS DE JUSTICE, NI QUE LE CAS ARRIVANT ELLE » ET LES SIENS SOIENT SUJETS A AUCUNS DÉDOMMAGEMENTS ENVERS » LES PRENEURS, ET LES LEURS, SOUS QUELQUES PRÉTENTES QUE » CE SOIT, POUR CONVENTION EXPRESSE ET SANS LAQUELLE CLAUSE » LA PRÉSENTE BAILLÉE N'EUT EU LIEUX ; la Dame de la Bourdi- » nière n'ayant reçu des preneurs aucun droits d'entrée ; con- » venus également qu'en évènement que les seigneurs de la » Bourdinière ne s'aper-cusent pas ci-après du mauvais état ou » les vignes dont il sagit pouroient être par la suite, elle et les » siens auront la faculté de demander *et d'exiger des dom- » mages et intérêts proportionnés au mauvais état où se trouveront » lesdittes vignes*, défaut de culture, engrais, et bon entretien

» acompter *de l'ynstant que laditte vigne aura estée en souffrance ;*
» s'obligent en outre les comparants, de remettre ynceseament
» et à leurs frais à la Dame de la Bourdinière *une grosse* en velin,
» du présent acte, et ons lesdits Sautjaud estimer les complant
» desdittes vignes six livres icelles sittuées en la paroisse de
» Chateauthébaud.

» A tout quoi faire tenir exécuter et entretenir lesdits Saut-
» jaud s'obligent chacun en ce que le fait le touche sur
» *l'hipotèque et obligation de tous et chacuns leurs biens meubles et*
» *immeables* présents et futurs, voulu, consentis, stipulés et
» acceptés, promis, tenu et accomplir, fait et passé au bourg
» de Chateauthébaud sous le fief de la Bourdinière lieu de
» notre territoire au rapport de Lefebvre l'un des notaires
» soussignés, sous le seingt de la dame de la Bourdinière et
» sur ce que les autres parties ont affirmées ne savoir signer
» de ce enquises ; elles ont fait signé à leur requête Sautjaud
» père et Emmanuel Ropell, suivent les signatures.

» Signé : LEFEBVRE,
» *Notaire.* »

Acte trouvé en l'étude de feu Me Bonnigal notaire, à Vertou, (Me Baudry, notaire, successeur.)

BAILLÉE DE VIGNE A DEVOIR DE QUART

A la Poterie, paroisse de HAUTE-GOULAINE

20 juin 1790

« L'an mil sept cent quatre vingt dix. Le vingt juin avant
» midi devant nous soussignés notaires du Marquisat de Gou-
» laine, fut présente demoiselle Marie Anne Françoise Jeanne
» Aubré de la Guibourdière fille majeure demeurante à la
» maison des Poteries paroisse de Haute-Goulaine. Laquelle
» tant enprivé nom que comme tutrice du sieur Augustin
» Marie Aubré son frère mineur et faisant et garantissant
» pour le sieur Paul Marie René Aubré de la Guibourdière
» son frère résidant à l'Amérique, à ceddé et Baillé à titre de

» complant avec promesse de bonne et valable garantie. A
» Pierre Arnaud laboureur demeurant domestique chez la
» d[elle] Bailleresse audit lieu des Poteries et à Mathurin Heur-
» tin laboureur demeurant au Frineau susditte paroisse de
» Goulaine, devant nous, aussi présents preneurs et accepteur
» par moitié, savoir. Le complant et la superficie d'un canton
» de terre autrefois labourable et planté depuis environ deux
» mois en vignes de muscadet par les dits preneurs, contenant
» douze boisselées situé dans le clos du Pâty Potier près celui
» de la Cormerais, dite paroisse de Goulaine, borné d'un bout,
» le dit clos de la Cormerais, d'autre côté le chemin de la
» Cristière et autre bout les Bailleurs. Sans autre débornement
» ni explications, les preneurs ayant déclaré avoir bonne con-
» naissance du dit canton de terre. A charge à eux de l'entre-
» tenir bienplanté en bon plant de Muscadet a fur et a mesure
» qu'il en sera besoin, de le provigner et tenir en bon état de
» plant, de tenir du complan d'icelui en *bon laboureur* et vigilant
» père de famille, et de bien faire et faiconner ladite vigne tous
» les ans de ses quatre tours et labours ordinaires en tem et
» saison convenables, sans pouvoir la tailler à long bois ni
» autrement la surcharger lors de la taille, de la gresser et
» terrasser au moins tous les sept ans. Ne pourront lesdits
» preneurs vendanger ladite vigne que du consentement des
» Bailleurs et qu'après qu'ils les auronts avertis de la vendange,
» et payeront en entrant une somme de vingt-quatre sols pour
» droit de chapon et ne pourront sortir la vendange que par
» la route qui leur sera indiquée, *auront lesdits preneurs suivant*
» *l'usage les émonde des arbres emondables seulement autour de la*
» *ditte vigne, parce qu'ils seront obligés de l'entretenir en tout temps*
» *bien close et fermée de ces hayes et fossés.*

» Seront tenus lesdits preneurs d'élever de moment à autre
» un fossé le long du clos de la Cormerais et d'y planter une
» haye d'aubépins.

» S'obligent lesdits Arnaud et Heurtin de porter et rendre
» au pressoir de la dite maison des Poteries le quart des fruits
» de vendange provenan de la dite vigne et *en cas d'inexecution*
» *des clauses et conditions cy devant il sera permi aux bailleurs de*
» *s'en emparer et d'en jouir et disposer* COMME FRANCHE ET EXEMPTE
» DE COMPLAN. Déclarant les parties estimer le susdit complan
» une somme de cent vingt livres. Au moyen de tous quoy
» s'est laditte dame de la Guibourdière demise et dessaisie DE

» LA JOUISSANCE ET POSSESSION *et propriété dudit complan* en » faveur et au profit desdits preneurs avec faculté à eux d'en » jouir et d'en disposer dès ce jour.

» Payeront lesdits preneurs les frais du présent et en *serviront* » *grosse* en velin à la ditte dame de la Guibourdière dans le » mois.

» Ce que les parties ayant ainsi requis et consenti et promi » et obligé et jugé et condenné et fait et passé à Goulaine en » l'étude et au rapport de Juguet notaire son collègue présent » sous le seingt de laditte demoiselle Guibourdière. Celui de » Mathurin Janeau présent requis dudit Arnau et celui du » s[t] Pierre Lacombe aussi présent à requête dudit Heurtin » ayant l'un et l'autre déclaré ne savoir signer de ce interpelles » et les notres après lecture, les dit jours et an suivent les » signatures des parties et celle de « *Juguet* » notaire.

Trouvé en l'étude de feu Me Bonnigal notaire à Vertou. — (Me Baudry, notaire, successeur.)

BAIL A COMPLANTS A DEVOIR DE TIERS

à la Mottechête, commune de VERTOU

6 ventôse an 11

« Devant moi Alexandre Souvestre notaire public patenté, » deuxième classe, résident numéro deux au bourg et com- » mune de Vertou, quatrième arrondissement communal du » département de la Loire-Inférieure, et en présence des » témoins ci-après nommés et soussignés.

» Ce jour six ventôse, an onze, de la République Française, » furent présents : le citoyen Jean Gaudin cultivateur et la » citoyenne Sophie Odiett son épouse, celle-ci de son mari, » sur son réquisitoire duement autorisée, pour la validité du » présent demeurant au lieu de Mottechête commune de » Vertou.

» Lesquels ont pour le présent, baillé délaissé et transporté » *à jamais* à temps à venir avec promesse de bonne et valable » garantie vers et contre tous, *à titre de complan* devoir de tiers » et aux charges et conditions ci-après déclarées.

» Au citoyen Jean Brodu, laboureur à Bœufs, demeurant à
» la Métairie de Launay commune de Vertou, sur ce présent
» et acceptant pour lui ses successeurs et ayant cause *à jamais*
» savoir.....

....

» Tout quoi ledit preneur a dit bien connaître et renoncer à
» plus ample explication à la charge, à lui de cultiver faire et
» façonner ladittc vigne de toutes ses façons et labour suivant
» l'usage du pays et en bonne et düe saisons convenables, de la
» planter et provigner de façon a être toujours bien plantée et
» sans manque de plan ; de la graisser tous les sept ans, ne
» laisser aucuns arbre et halliers dans la dite vigne, payera et
» baillera par chacun an le tiers des fruits y croissant quitte et
» rendu, au pressoir des citoyens Bailleurs à leur Maison de
» champ de Grole de laquelle dépend la dite vigne, toutes les-
» quelles sommes seront au choix des bailleurs, passera la ven-
» dange par la route la plus courte qui conduit au dit pressoir,
» sans icelui preneur pouvoir néanmoins vendanger que par
» le consentement des citoyens bailleurs qui lui fixeront le
» jour de l'ouverture de ladite vigne. A peine de tout dépend
» dommages et intérêts, ni partager et diviser la dite vigne
» au-dessous de deux homées.

» Aura le dit preneur l'émonde des arbres émondables qui
» sont les hayes et fossés dépendant de la dite vigne, les
» citoyens bailleurs se *réservant la faculté* et aux leurs *de dispo-*
» *ser des uns et des autres à leur volonté,*, lesquelles hayes le
» preneur entretiendra bien chauses et plissés en toutes saisons
» et les fossés bien relevés aussi, *à peine de tous depèns dom-*
» *mages et intérêts.*

» A l'entière exécution et accomplissement de tout ce que
» dessus, le dit preneur s'oblige chacun en ce que *le fait touche*
» sur *tous ces biens quelconques présens et avenir*, même à fournir
» *une grosse du présent* en düe forme dans le mois aux dits
» citoyens bailleurs pour en défaut y être contraints suivant
» la loi.

» *Et pour faciliter la perception du droit d'enregistrement seule-*
» *ment du présent*, les parties ont estimé TANT LE DROIT DE
» COMPLAN QUE LE DEVOIR DE TIERS à la somme de mille
» francs, sans toutes fois que la présente estimation puisse
» nuire ni préjudicier aux dits citoyens *Baillèurs* en *façon*
» *quelconquè.*

» Le tout ayant été ainsi voulu et consenti promis juré et » après lecture faite les parties ont déclaré y persister : fait et » passé en mon étude au bourg de Vertou où les citoyens » bailleurs ont signé et le preneur ayant affirmé ne le savoir » de ce enquis il la fait faire, à sa requête, au citoyen françois » Mesnard et en présence des citoyens Jean Batiste Brideau et » Pierre Tillé demeurant audit bourg, témoins à ce requis et » soussignés les dits jour et an.

» Suivent les signatures des parties et celle de *« Souvestre »* » *notaire*.

Trouvé en l'étude de feu Me Bonnigal notaire, à Vertou. — (Me Baudry notaire, successeur.)

Comme on a pu s'en rendre compte, les deux derniers baux plus haut transcrits sont postérieurs au 4 août 1789 et contiennent cependant les mêmes dispositions que ceux qui les précèdent.

Nous aurions pu donner encore ici, de nombreuses copies de baux, contenant toujours d'identiques clauses, mais cela nous semble inutile, la démonstration, non équivoque, étant déjà faite des intentions et de la volonté des contractants : *bailleurs et preneurs*.

Nous compléterons néanmoins nos premières citations par la copie *« d'exponces »* et de *« consentemènt à échange de complants »* entre différents colons et différents propriétaires.

*Rappelons ici que : « l'*EXPONCE *» est un acte « de déguerpissement par lequèl le complanteur abandonne la vigne qu'il tenait à complant et la remet à celui duquel il l'a tient ou à qui était due la redevance.*

EXPONCE DE VIGNE A DEVOIR DE QUART

à Beauchesne, paroisse du LOROUX-BOTTEREAU

En date du 1er Mars 1662

« Le premier jour de mars mil six cens soixante-deux, par » notre Court de marquisat de Goullayne au Loroux-Bottereau, » submission et prorogation de juridiction y jurée, etc ..

» endroit ont estez présent François Moisrain, laboureur, et » Perrine Bouyer, sa femme tout premier à requestre suffizamment auctorizée dudit Moisrain son mary, demeurans » ensemblement au village de la Bodinière, en cette paroisse » du Loroux-Bottereau, lesquelz ont ce jour *desclaré faire guerp* » *et exponce* à hault et puissant Messire Charles du Bois, chevalier seigneur de la Ferronnière, demeurant à son château de » Beauchesne, en cette dite paroisse du Loroux-Bottereau, *du* » *complant d'un quartier de vignes blanches*, située dans le clos » du Chastellier, deppendant dudit chasteau de Beauchesne, » bournez des deux cotez et d'ung bout audict seigneur de la » Ferronnière et d'autres bout les landes de Saincte-Cathrïne. » Laquelle vigne lesdictz Moisrain et femme faisoient à *devoir* » *de quart* dudict seigneur de la Ferronnière, auquel ledict » Moisrain et femne *desclaire ne voulloir faire, labourer ny tenir* » *ladite vigne, à raison du peu de valleur et rapport d'icelle*, et » mesme de leur nécessité, à ce qu'il dispoze dudict complan » comme bon luy semblera.

» Lequel guerp et exponce les notaires soubz-signez ont » presentement accepté pour ledict seigneur de la Ferronnière, » ce qui a esté voullu et de la manière accordé, après que la » dite Bouyer a renoncé au droit de Velleyen, à l'espitre *divi* » *Adriani*, à l'autentique *cy qua mullier*, et à tous autres droictz » faictz et introduictz en faveur des femnes luy déclairé, ce » qu'elle a dictz bien scavoir et y a renoncé et renonce, etc..., » promis, jurez, obligez, renoncèz, jugez et condempnez. Consanty en la ville du Loroux-Bottereau, au tablier de Guillocheau, notaire ; et pour ce que lesdictz Moisrain et Bouyer, » sa femne, ont dict ne savoir signer, ont faict signer à leurs » requestes, scavoir : ledict Moisrain à Jan Gauffriau, et ladite » Bouyer à Damien Aneau, sur ce présang, lesdictz jour et an. » Ainsi sinné au registre : J. Gauffriau, D. Aneau, R.-L. Fabre, » notaire royal, P. Guillocheau, notaire qui a ledict registre.

» Signé : P. GUILLOCHEAU, Notaire. »

EXPONCE DE VIGNE A DEVOIR DE QUART

PAR UN COLON A SON PROPRIÉTAIRE. — ET BAIL A COMPLANT DE LA MÊME VIGNE PAR CE DERNIER A UN AUTRE COLON

Paroisse du LOROUX - BOTTEREAU

22 Octobre 1741

« L'an mil sept cent quarante-un, le vingt-deuxième jour » d'octobre avant midy, devant nous notaires du marquisat de » Goullayne et autres jurisdictions du Loroux-Bottreau, sous-» signés, avec sousmission et prorogation de juridiction y » jurés ; ont comparus en personne Pierre Plloquet et Anne » Renoux, sa femme, demeurants en cette ville, elle de son dit » mary bien et duement authorizée pour l'accomplissement des » présantes, lesquels ont dit qu'*ils possèdent deux hommées* ou » environ de vignes rouges et blanches, sittuées dans le clos du » Martray, *tenues à debvoir de quart* de demoiselle Jeanne Grel-» lier, veuve Pasqueraye, bornées d'un costé Louis Brunet et » d'autre costé Julien Vyaud, etc... *lesquels ils ne sauroient réta-» blir ny cultiver attendu leur peu de faculté et leur aage avancé.* » Pour quoy, et par les presantes, ils déclarent en *faire exponce* » *et abandon*, tant pour eux, les *leurs hoirs successeurs et cause* » *ayant* à jamais à la ditte demoiselle Grellier, consentant » qu'elle en jouisse, fasse et dispose comme de ses autres pro-» pres biens, renonçant à y rien prétendre. Pour quoy, à l'en-» droit, a la ditte demoiselle Grellier comparue en personne, » demeurant ordinairement au bourg et paroisse de Gesté, pro-» vince d'Anjou, et ce présente dans cette ville, *laquelle a* » *déclaré accepter la dite exponce, et par même moyen a donné et* » *baillé lesdittes deux hommées cy dessus denommées, à debvoir de* » *quart,* et trois sols quatre deniers de chapon par chacun an à » François Margariteau, tonnellier, demeurant en cette ville du » Loroux, à ce présant et acceptant, ycelles dittes vignes esti-» mées valloir de revenus trente sols ; à la charge à luy de les » bien faire et façonner de tous leurs tours et labours ordi-» naires, suivant l'usage du pays, qui est de raiser, déhouetter, » tailler, bécher et rebécher en temps et saison convenables, » même de la graisser de sept ans en sept ans à commencer dès » ce jour ; en sorte qu'elles se trouvent entièrement graissées

» dans les deux ans prochains, comme aussy de la replanter » dans ledit temps, de payer, par chacun an, *le quart des fruits* » de vendange qui y croistera *rendu à ses frais au pressoir de* » *laditte demoiselle bailleresse* en cette ville ou à pareille distance, » le droit de chapon et la dixme à l'église. En deffault d'une » des conditions cy dessus, la dite *demoiselle bailleresse pourra* » *rentrer dans la propriété desdittes vignes sans aucunes formalités* » *de justice.*

» Fait et passé en la ville dudit Loroux, estude et au raport » de Pussin, notaire, l'un des notaires soussignés, sous les » seings de laditte demoiselle Grellier et Margariteau. Et pour » ce que les autres ont déclarés ne scavoir signer, ils ont fait » signer à leur requeste.

» Signé : PUSSIN, Notaire. »

EXPONCE DE VIGNE A DEVOIR DE QUART

PAR UN COLON A SON PROPRIÉTAIRE. — ET BAIL A COMPLANT DE LA MÊME VIGNE PAR CE DERNIER A UN AUTRE COLON

Paroisse du LOROUX BOTTEREAU

29 Novembre 1756

« L'an 1756, le 29 novembre, environ midy, par devant » nous nottaires du marquisat de Goullaine, au siège du » Loroux-Bottreau, soussignés à icelle o submissions et proro- » gations de jurisdictions y jurés en droit, ont comparû demoi- » zelle Jeanne Grellier, veuve Pasqueraie, demeurant ordinai- » rement au bourg et paroisse de Gesté, province d'Anjou, et » de présant à sa maison ville et paroisse du Loroux-Bottereau, » et Pierre Charpentier, laboureur, demeurant à la mettairie de » la Potardière, en cette ditte paroisse du Loroux, lequel dit » Charpentier *a dit posséder et tenir à devoir de quart* **le plant** » *d'une hommée de vigne* sittuée dans le clos du Martrait borné » d'un costé, etc... et atendu *la situation, éloignement desdittes* » *vignes et pauvreté ou il se trouve réduit et est hors d'état de les* » *cultiver et faire valloir.* A ces causes et autres à luy cognues il » a par *ces présantes abbandonnés et abbandonne* **le susdit plant**

» *de vignes àjamais pour luy et les siens, hoirs, successeurs* ayants » causes au profit, utilité et intention de ladite demoiselle » Grellier, veuve Pasquerais, pour en disposer à l'avenir » comme bon luy semblera ;

» *Lequel dit abbandon et désistement elle déclare accepter pour* » *faire plaisir audit Charpentier.*

» Et a *ladite demoiselle Grellier, par ces dites présantes, donné et* » *donne audit devoir de quart et vingt deniers* pour droit de cha- » pon, à Jan Aubron, demeurant à la métairie de la Carterie, » ditte paroisse du Loroux, aussy à ce présant et acceptant » après s'être soubmis et prorogez de juridictions à cedit mar- » quisat pour luy et les siens, hoirs, successeurs *le plant de la* » *susditte hommée*, de vigne cy-dessus débornée. Et c'est obligé » et s'oblige... *jouir de la vigne en bon ménager et père de famille* » sans y commettre aucuns agats, de les raisser, dehouetter, » tailler, bécher et rebécher chacun an, suivant l'usage du » pays, et de payer chacun an le quart des fruits de vendanges » croissant aux dittes vignes et vingt deniers pour droit de » chapon, le tout rendable au pressoir et demeure de ladite » demoiselle Grellier sittuée dans cette ville du Loroux- » Bottreau ainsy que les autres tenans du mesme clos. ...... » .... Fait et passé en la ville du Loroux- » Bottreau étude et rapport de Grasset un des notaires soussi- » gnés, sous le seing de ladite demoiselle Grellier.

» Signé : GRASSET. »

EXPONCE DE VIGNE A DEVOIR DE QUART

PAR UN COLON A SON PROPRIÉTAIRE, — ET BAIL A COMPLANT DE LA MÊME VIGNE PAR CE DERNIER A UN AUTRE COLON

Paroisse du LOROUX-BOTTEREAU

3 février 1758

« L'an 1758, le 3 février.

» Par devant nous, notaires du marquisat de Goulaine. au » siège du Loroux-Bottreau, soussignez à ycelle, o submis- » sion et, prorogation de juridictions y jurée en droit ont » comparu demoiselle Jeanne Grellier, veuve Pasquerais,

» demeurante ordinairement au bourg et paroisse de Gestay, » province d'Anjou, et de présent en sa maison, ville et » paroisse du Loroux-Bottreau, et M. Durand, sabotier, et » Julienne Boistaud, sa femme, demeurants en cette dite ville » et paroisse du Loroux, ycelle dite femme à sa prière et » requeste, de son mari bien et deument authorisez pour » l'effet, validité et exécution des présentes. Lequel dit Durand » et femme *ont dit bien posséder et tenir à devoir de quart et* » *chapons* **le plant** *de six hommées de vigne* mellée de rouge et » de blanc, situé en différents endroits dans le clos du Mar- » tray..... qu'ils sont hors d'estat de les faire valoir et » cultiver attendu leur grand âge et mauvaise santé et pauvreté » où ils se trouvent réduits.

» Pourquoi, à ces causes et autres à eux connues, *ils ont* » *par ces présentes abandonnez et abandonnent* **le susdit plant** » *de vigne* à jamais pour eux et les leurs hoirs successeurs ayant » cause au profit, utilité et intention de la dite demoiselle » Grellier, veuve Pasquerais, pour en disposer à l'advenir » comme bon luy semblera.

» Lequel dit abandon et désistement elle déclare accepter » pour faire plaisir aux dits Durand et femme.

» Et à la dite *demoiselle Grellier par les dites présentes donnez* » *et donne au dit devoir de quart* et dix sols par cartier pour » droit de chapon, à Jean Aubron, laboureur, demeurant à la » métairie de la Carterie, dite paroisse du Loroux..... **le** » **plant** *des susdites six hommées* de vigne cy-dessus, et s'est » obligez et s'oblige..... jouir de la dite vigne *en bon ménager* » *et père de famille*, sans y commettre aucun agast, de les » raiser, dehouéter, tailler, bécher et rebécher chacun an » suivant l'usage du pays, de la graisser et manisser une fois » tous les sept ans et d'y commencer dès cet hiver desfrecher » tous les rochers et halliers..... et de planter le tout en bon » plant de muscadet et de payer chacun dit an le quart des » fruits de vendanges, etc.....

» Fait et passé en la ville du Loroux-Bottereau, étude et » raport de Grasset, un des notaires soussignés, etc.....

» Signé : GRASSET,

Notaire. »

EXPONCE DE VIGNE A DEVOIR DE QUART

PAR UN COLON A SON PROPRIÉTAIRE, — AVEC INDEMNITÉ PAYÉE AU COLON PAR LE PROPRIÉTAIRE

Au Martray, paroisse du LOROUX-BOTTEREAU

5 juin 1770

« L'an mil sept cent soixante-dix, le cinquième juin avant » midy. Devant nous nottaires du marquisat de Goullaine et » juridiction de la Haye-Bottreau, Beauchesne, etc[a], sous- » signés avec soumission et prorogation de juridiction y » promise et jurée.

» A comparu, Julien Petiteau, laboureur, demeurant pré- » sentement à la maison du Cleray en cette ville et paroisse du » Loroux-Bottreau, lequel a *déclaré posséder* dans le clos du » Martray une hommée de vigne *tenue à devoir de quart* du » sieur Louis Bouet, marchand, *propriétaire du fond*, le dit » quart rendable en la ville du Loroux, laquelle vigne est » extrêmement déplantée et non graissée depuis plusieurs » années.

» *Pour lequel rétablissement ledit sieur Bouet voullait former* » *action audit Petiteau pour la rendre en état de fructifier confor-* » *mément aux arrêts et réglements de la Cour.*

» Et comme Petiteau a dit qu'*étant hors d'état de pouvoir la* » *rétablir à sa perfection, il a prié et requis* ledit sieur Bouet de » vouloir bien en *recevoir l'exponce* et abandon, ce que ce der- » nier, pour l'obliger, a accepté.

» Ledit Petiteau déclare d'abondant faire exponce et abandon » du complant de la susdite hommée de vigne cy dessus » débornée; renonçant pour luy, ses successeurs et cause » ayants à n'y jamais rien prétendre...

» Et *pour récompanse* néanmoins de la valleur dudit com- » plant, ledit sieur Bouet a présentement payé et *compté audit* » *Petiteau* la somme de *13 livres 10 sous* etc.

» Fait et passé en la ville du Loroux-Bottreau, étude et » rapport de Chollet, notaire, sous le seing du sieur Bouet, etc.

» Signé : CHOLLET,
» *Notaire.* »

EXPONCE DE VIGNE A DEVOIR DE QUART

PAR UN COLON A SON PROPRIÉTAIRE. — ET BAIL A COMPLANT DE LA MÊME VIGNE PAR CE DERNIER A UN AUTRE COLON

Paroisse du LOROUX-BOTTEREAU

1° EXPONCE PAR LE COLON

20 mars 1774

» L'an 1774, le 20 mars, devant nous nottaires du marquizat » de Goullaine, jurisdiction de Briacé, Ledoit, Rouaux et le » Claray, avec soumission et prorogation a comparu vollon- » tairement Pierre Pinneau, garçon majeure laboureur, demeu- » rant à la Jollière, paroisse du Loroux-Bottreau, lequel a » représenté qu'il possède à devoir de quart et chapons au » château de Briacé trois hommées ou environ de vignes » savoir : deux hommées en deux endroits, au clos des Cos- » sardières, borné un canton d'un costé Louis Pabour, d'autre » costé Jacque Thomas, d'un bout Joseph Emeriaud, l'autre » canton borné d'un costé Jacque Pinneau, d'autre costé » à....., d'un bout à Breaud et une hommée au clos du » Haut-Clos, tous en paroisse du Loroux, borné d'un costé » Laurent Drouet et des autres parts le seigneur de Briacé, » lesquels vignes sont éloignés de beaucoup de sa demeure » pour pouvoir les rétablir du mauvais état où elles sont » actuellement pour être indigente de plan et graise, *qu'étant* » *continuellement avertis de les entretenir suivant les règlements*, » ce qu'il ne peut faire sans un coup considérables, il a prié et » requis la demoiselle Margueritte Passillet, veuve du sieur » Pierre Sicot, fermière générale du château de Briacé, y » demeurante, paroisse du Loroux, *de voulloir bien accepter* » *l'exponce des dittes trois hommées de vignes* pour en faire et dis- » poser à sa vollonté et de fait le dit Jullien Pinneau *a aban-* » *donné et exponcé le complant* des dittes trois hommées de » vignes pour lui et les siens sans pouvoir revenir contre le » présent sous quelques prétextes que ce soit, à peine de tous » dépends, dommages et interrêts lequel exponce la ditte » demoizelle Sicot a accepté pour les seigneurs et dame de » Briacé en autant qu'ils l'auront pour agréable et a déclaré

» décharger le dit Pinneau des dommages et interrêts qu'elle » pouvait prétendre comme fermière résultant de leur défaut » d'entretien, et à ce moyen le dit Pinneau consent que la » ditte demoizelle Sicot, pour les seigneurs, jouisse, dispose » ou conceddc comme bon lui semblera de nouveau les dittes » vignes, renonçant à troubler le possesseur d'icelles à peine » d'être poursuivie en justice et, comme dit, est de tous » dépends, dommages et interrest; et a été le complant des » dittes vignes estimé cinquante-quatre livres.

» Fait et passé ville du Loroux-Bottreau étude et au raport » de Tiger sous le seing de la demoizelle Sicot. Et d'autant » que le dit Jullien Pinneau a déclaré et affirmé ne savoir » signé de ce enquis il a fait signer à sa requête à Pierre » Jullien Hupé les dits jours et an que devant signé à la » minutte La Passillet, veuve Sicot, Hupé, Chollet, nottaire, » et Tiger, autre nottaire, qui a la minutte duement controllée » au Loroux-Bottreau, ce trente-un mars mil sept cent soixante- » quatorze par de la Chassais-Bidard, qui a reçu quatorze » sous. «

2° BAIL A COMPLANT PAR LE PROPRIÉTAIRE

23 avril 1774

» L'an 1774, le 23 avril, devant nous nottairs du marquizat » de Goullaine, jurisdiction de Briacé, Ledoit, Rouaud et le » Claray avec soumission et prorogation, a comparu demoizelle » Marguerite Passillet, veuve du sieur Pierre Sicot, fermière » générale de Briacé, Ledoit, Rouaud, et le Claray, demeurant » au château de Briacé, paroisse du Loroux-Bottreau, laquelle » faisant stipulante et agissante pour les seigneurs et dame » Briacé et sous leur bon plaisir, *a ceddé, délaissé et transporté* » *à jamais et par le présent cedde, délaisse et transporte à titre de* » *prise et bail à complant* à Jacques Pinneau, métayer demeurant » à la Pillotière, paroisse du Loroux-Bottreau, cy-présent et » acceptant pour lui et les siens,

» Savoir est : en deux endroits du clos des Cossardières » deux hommées de vignes, un canton borné d'un côté Louis » Pabon, d'autre costé Jacques Thomas, d'un bout Joseph » Emeriaud, l'autre canton borné d'un côté Jacques Pinneau, » d'autre costé à..... d'un bout Bréau, et une hommée et » demie de vigne au clos du Hautelor, tous paroisse du

» Loroux, bornée d'un costé Laurent Drouet, des autres part » terres et vignes de Briacé, des quelles vignes estimés cin- » quante-quatre livres la ditte demoizelle Sicot reçut exponce » par acte du vingt mars dernier au report de Tiger, controllée » au Loroux le vingt-un par de la Chassais-Bidard, David » Pierre et Pinnean, garçon majeure.

» Ce que le dit Jacque Pinneau a déclaré bien savoir et » connaître et renonce à en demander autres explications du » débornement. A la charge à lui, de bien faire et façonner » tous les ans les dittes vignes comme raizer, tailler, dehouëter, » bêcher et rebêcher en temps et saison convenables, les entre- » tenir toujours bien plantés, les graisser, les marner tous les » sept ans ou tous les cinq ans en terrier suivant les règlements » et en jouir en bon et ménager et père de famille, de payer » et servir à *jamais et à perpétuité le quart de tous les fruits de* » *vendanges* qui croîteront chacun an dans icelles rendue à ses » frais au pressoirier de Briacé, et les chapons à la route à » raison de deux sols par hommées, de ne pouvoir vendanger » sans avoir avertissement préalable de n'entrer ni sortir que » par la route indiquée à peine de la confiscation de la » vendange.

» *A l'exécution et accomplissements de toutes les clauses et condi-* » *tions cy-devant s'oblige le dit Pinneau* avec tous ses biens, » meubles et immeubles présants et futurs quelconques *à peine* » d'être iceux pris, saisis et inquantés, suivant les règlements, » *et de rezillement de la présente* par la contravention à une des » seulles conditions.

» Fait et passé ville du Loroux-Bottereau étude et au raport » de Tiger sous le seing de la demoiselle Sicot ; et d'autant » que le dit Pinneau a déclaré ne savoir signer de ce enquis il » a fait signer à sa requête à maitre Etienne Fudée les dits » jours et an que devant. Signé à la minutte La Passillet, » veuve Sicot, André Chollet, nottaire, et Tiger, autre notaire, » qui a la minute duement controllée au Loroux-Bottreau le » vingt-huit aout mil sept cent soixante-quatorze par de la » Chassais-Bidard qui a reçu quatorze sols, interlignée, La » Passillez, veuve Sicot, approuvé.

« Signé : TIGER,

Notaire. »

EXPONCE DE VIGNE A DEVOIR DE QUART

PAR UN COLON A SON PROPRIÉTAIRE, — ET BAIL A COMPLANT DE LA MÊME VIGNE PAR CE DERNIER A UN AUTRE COLON

Paroisse de GORGES

1er juin 1775

« L'an mil sept cent soixante-quinze, le premier jour du » mois de juin.

» Devant nous notaires de la Cour royale de Nantes, rési- » dants à Clisson soussignez avec soumission et prorogation » de juridiction y jurée, ont comparu Gabriel Fonteneau » laboureur à bras, et Françoise Loiret sa femme elle a sa » prière et requeste du dit Fonteneau son mary bien et due- » ment authorizée pour la validité des présentes, demeurant au » village des Belliards paroisse de Gorges, et noble homme » René Geslin, négociant seigneur de la maison noble de » Loizelinière en la dite paroisse de Gorges, à cause de dame » Catherine Adélaïde Doüault son épouze demeurant à Nantes, » isle Faydeau paroisse de Sainte Croix d'une et d'autre part, » entre lesquelles parties s'est fait l'acte qui suit ; c'est à scavoir » que les dits Fonteneau et femme ne se trouvant pas en » situation de planter et graisser le nombre d'environ deux » journeaux de vigne quartière situés dans le grand fief de » Loizelinière dépendant de la maison du même nom, bornés » d'un côté Nicolas Aubin, d'autre René Gaborit et autres, » d'un bout Louis Lechappé et d'autre bout Pierre Potier, » auraient priés et *requis le dit seigneur de Loizelinière d'en* » *recevoir l'abandon et exponce* dans l'état qu'ils sont et sans » exiger d'eux aucuns agats ny frais, ce qu'il a bien voulu » accepter pour leur faire plaisir. Au moyen de quoy déclare » les quitter et décharger de toutes les demandes qu'il aurait » pû leur former pour le rétablissement desdits deux journeaux » de vigne, bien entendu que lesdits Fonteneau et femme et » leurs successeurs n'y prétendront jamais rien ; à quoy faire » les parties se sont obligées et s'obligent chacune en ce que le » fait la touche, sur tous leurs biens, meubles et immeubles » présents et futurs, même lesdits Fonteneau et femme jointe- » ment et solidairement *suivant les ordonnances royaux.*

» Par ces mêmes présentes, ledit seigneur de Loizelinière a » déclaré et déclare *céder et transporter* avec garantie, *à titre de* » *complant et non autrement,* à Pierre Magdelaineau, laboureur » à bras, demeurant au lieu de la Grenaudière dite paroisse de » Gorges, aussy présent et acceptant sçavoir est : lesdits jour- » neaux ou environ de vigne quartière cy devant débornés » qu'il a dit bien sçavoir et connoître ; à la charge au dit » Magdelaineau de les faire chacun an de toutes leurs façons » requises et ce en temps et saisons convenables, sçavoir » raizer, tailler, déhouéter, bêcher et rebêcher, de les planter » ou prouigner, dans les endroits où ils manqueront de plant, » comme aussy de les graisser competamment tous les dix ans » ou terrasser de cinq ans en cinq ans et d'en payer chacun » an au temps des vendanges au dit seigneur de Loizelinière » le quart des fruits qui y croîtront, lequel sera conduit à son » pressoir du dit lieu de Loizelinière aux frais dudit Magde- » laineau, qui sera tenu de payer en outre aux pressoiriers le » droit de foulage accoutumé d'estre payé, sy mieux n'aime » fouler lui-même sa vendange : ne pourra entrer vendanger » qu'au préalable il n'est payé au dit seigneur quatre sols pour » droit de chapons à raison de deux sols par journal et qu'indi- » cation n'ait été faite par ledit seigneur ou gens de sa part » pour l'ouverture du dit fief, les dits deux journeaux estimés » en fond la somme de vingt une livres. Convenu et arresté » que *le dit Magdelaineau ne pourra ny les siens vendre ny échanger* » *le tout ou partie de ladite vigne quartière sans l'exprès consente-* » *ment du dit seigneur de Loizelinière* à peine de *nullité des* » *présentes* et de *cassation des actes d'alliénation* par convention » expresse ; à tout quoy faire et accomplir également qu'à » passer sa vendange par la route quartière et de mettre à ses » frais grosses des présentes aux mains du dit seigneur de » Loizelinière dans deux mois, le dit Magdelaineau s'est obligé » et s'oblige sur tous ses biens meubles et immeubles présents » et futurs suivant l'ordonnance. Pourquoy du consentement » et requestes des parties, nous notaires susdits les avons jugés « et condamnés du jugement et condamnation de notre dite » Cour. Fait et passé au dit Clisson étude de Dabin notaire » royal l'un des soussignés sous le seing du dit seigneur de » Loizelinière ; et pour ce que les autres parties ont dit ne » sçavoir signer, de ce enquises ont fait signer à leurs requestes » scavoir ledit Fonteneau au sieur Joseph Ouvrard, sa dite

» femme, Bernard Bretin, et ledit Magdelaineau aussy au sieur » Pierre Veau présents les dits jour et an. Ainsy signé sur la » minutte, Geslin, J. Ouvrard, B. Bretin, P. Veau, Grolier » nore royal et J. Dabin notaire royal registrateur ; contrôllé à » Clisson le six juin 1775 reçu quatorze sols pour deux droits.

» Signé : DE LA CHAUVELAY.

» DABIN,

Nore royal. »

EXPONCE DE VIGNE A DEVOIR DE QUART

PAR UN COLON A SON PROPRIÉTAIRE, AVEC INDEMNITÉ PAYÉE AU COLON PAR LE PROPRIÉTAIRE ; — PUIS, BAIL A COMPLANT PAR CE DERNIER A UN AUTRE COLON QUI LUI REMBOURSE L'INDEMNITÉ PAYÉE AU PREMIER COLON

Au Martray, paroisse du LOROUX-BOTTEREAU

4 août 1776 (1).

« L'an mil sept cent soixante-seize, le quatrième jour » d'aoust, devant nous notaires du marquisat de Goulaine » soussignés, avec soumission de juridiction y jurée, ont » comparu Pierre Cesbron, laboureur, et Jeanne Le Buit, » sa femme, elle de son mari à sa prière et réquisition bien » et duement authorisée pour la vallidité des présantes, demeu- » rant au village de la Gobinière, paroisse de Vallet, lesquels » nous ont déclaré *posséder le complant* d'environ cinq hommées » de vignes tenues *à devoir de quart* et vingt deniers de chapon » par hommés, d'honorable homme Mathurin Chon, mari et » procureur de droit de Marie Ollive, sa femme, demeurant » en la ville et paroisse du Loroux-Bottereau, ladittc vigne » située au clos du Martray en laditte paroisse du Loroux.

» Déclarent encore lesdits Cesbron et femme *posséder, au* » *même clos, le complant* d'environ deux autres hommées de

---

(1) L'opération constatée par cet acte est une véritable vente de colon à colon, — mais par l'intermédiaire du propriétaire.

» vignes sans rantes ny chapon dont le quart est dub audit » Chon et la teneur suit : deux planches borné d'un costé les » enfants Gabriel Gabori, d'autres costés les mineurs Bouche- » raud, plus deux autres planches borné d'un côté Jean » Maucudée, etc.

» Finallement un petit bout de planche cy devant en » rochers, borné d'un costé, Jean Aubron, d'autre costé, » Gabriel Terrien, lesquelles dites vignes lesdits Cesbron et » sa femme, attandu leur éloignement, nous ont déclaré qu'ils » ne pouvoient les faire ny façonner de tous leurs tours » ordinaires ny mesme les entretenir de plant et graisse, ce » qui leur seroit très coûteux par la suite, *pourquoi ils ont* » *supplié ledit Chon,* PROPRIÉTAIRE DU FOND *d'en recevoir l'ex-* » *ponce et abandon* qu'ils entendent lui faire par le présent, » lequel dit propriétaire cy presant et acceptant a bien voulu » à la sollicitation desdits Cesbron et femme en recevoir » l'exponce. Pour quoy ces derniers ont en conséquence, tant » pour eux que les leurs hoirs successeurs et causes ayant » céddés, abandonnés et exponcé audit le Chon le complant » des susdittes cinq et deux hommées de vigne cy devant » spécifiées et débornées, afin d'estre échargé à l'avenir de » toutes facons nécessaires à icelles, ainsi que de les graisser » et planter égallement que le service dudit quart, rantes et » chapons. *Laquelle exponce ledit Chon propriétaire du fond a aussi* » *accepté* et accepte pour luy et les siens en disposer comme » bon lui semblera. *Et néanmoins, pour le prix et* VALLEUR » DUDIT COMPLANT SEULLEMENT, *ledit Chon a présantement payé* » *aux espèces sonnantes ayant cours auxdits Cesbron et femme la* » *somme de quatre cent vingt-quatre livres* que ces derniers ont pris » et ramassés, s'en sont contentés et en quittent générallement » ledit Chon sans aucune réservation. A ce moyen renoncent » à jamais rien prétendre dans la propriété du susdit complant » de vigne abandonné, en laissant ledit Chon vray et paisible » propriétaire.

» *Par ces mêmes présentes, le dit Chon a* pour lui, les siens, » *donné et baillé* le susdit nombre de cinq et deux hommées de » vignes cy devant spécifiées, déborné et exponcé à hono- » rable homme René Mauget, marchand boulanger, demeu- » rant en la ditte ville et paroisse du Loroux, cy présant et » acceptant, à charge à lui de les faire et façonner de tous » leurs tours et labœurs ordinaires en temps et saison conve-

» nable, suivant l'usage du pays, de les entretenir bien plantés » et graissés par ragannc suivant les arrêts et règlements de la » Cour, de payer et servir chaque année audit le Chon le » quart des fruits de vendanges y croissant rendable en la » ville du Loroux, au choix du propriettaire pour le quart sur » quatre sommes une, et vingt deniers de chapon par chaque » hommée sur les cinq premières hommées seulement.

» ..... *Et a été présentement par ledit Mauget payé et rem-* » *boursé audit le Chon la susdite somme de quatre-cent vingt-* » *quatre livres* par lui débourcées pour la valleur et juste prix » du *susdit complant de vigne* transporté par le présent acte, » laquelle somme le *propriétaire dudit fond* après et ramassé, » s'en est contenté et en quittent ledit Mauget preneur sans » aucune réservation dont quittance, etc.

» Fait et passé en la ville du Loroux-Bottereau au rapport » de Chollet, notaire, sous les seings desdits Chon et Mauget » et d'autant que les autres ont déclaré ne sçavoir signer ils » l'ont fait faire à leur requestre, etc...

» Signé : CHOLLET,

» Notaire »

CESSION DE DROIT DE COMPLANT PAR UN COLON A UN COLON

Aux Haulcotières, paroisse de VALLET

En date du 27 mai 1731

« L'an mil sept cent trante un, le vingt septiesme jour de » may avant midy, devant nous notaires du marquisat de » Goullaine et de la juridiction de Fromenteau o soumission » et prorogation de juridiction y jurée, etc.

» A comparu Michel Marchand, laboureur demeurant à la » métairie de la Giraudière, paroisse du Loroux-Botreau, » lequel a reconnu et confessé avoir ce jour reçu de Mathurin » Marchand, aussy laboureur à bœufs, demeurant à la métairie » de la Petite Boucherie, paroisse de Vallet, à ce présent et » acceptant la somme de vingt deux livres qui est pour le » *transport et cession* que ledit *Michel Marchand luy a fait de*

» *complant luy appartenant comme collon* de deux journeaux de » vigne en un canton situé dans le clos des Haulcotières, en » ladite paroisse de Vallet, que ledit M. Marchand dit bien » sçavoir et connoistre.

» A la charge à luy de payer chacune année le devoir de » quart des fruits de vendange qui croistront dans lesdits deux » journeaux de vigne et, outre le droit de chapons comme les » autres teneurs dudit clos, rendable à la maison seigneuriale » de Fromanteau.

» De laquelle somme de vingt deux livres pour lesdites » causes ledit M. Marchand s'est contenté et en a quitté et » quitte led. Mathurin Marchand généralement sans réser- » vation, etc.

» Fait et passé au bourg de la Chapelle-Heulin, étude de » Dreux, l'un des notaires soussignez où ledit Marchand » a signé.

» Ont signé Marchand, Dreux et Guilbaud ».

CONSENTEMENT DONNÉ PAR UN PROPRIÉTAIRE

A LA CESSION FAITE PAR SON COLON DE SON DROIT DE COMPLANT

Paroisse du LOROUX-BOTTEREAU

1er octobre 1741

« Nous soussignés Jeanne Grellier, veuve Pasqueraye, » propriétaire du clos du Martraye, *consent que Jean Mosteau » et Catherine Mesnard, sa femme, jouissent du droit de complant* » de quatre hommées et demies, situé au dit clos du Martraye, » suivant le contrat à moy apparu qu'il auroit fait d'avecq » Ollivier Couillaud au rapport de Me Jean Grosset, en » datte du.................................... 1741 à » condition de les graisser de sept ans en sept ans, à commencer » la première année pour les vendanges prochaines, et ainsy » continuer par les autres années, tailler et bêcher de tous ses » tours et façons en temps et saison convenables, comme aussy » les entretiendra bien closes de leurs hayes et fossés aux » endroit où il y en a ; en sorte que les bestiaux n'y puissent

» faire aucun dommage ; payera sept sols quatre deniers pour » debvoir de chapon à l'entrée et ouverture de la route que » fera la dite demoiselle Pasqueraye, à qui il luy rendra le » quart de la vandange en la ville du Loroux ou à pareille » distance aux jours qu'elle désignera en billet de publication. » Et nous Jean Mosteau et Catherine Mesnard, nous nous » obligeons à tout ce que dessus et de l'autre part sur tous et » chacuns nos biens meubles et immeubles présents et futurs.

» *Et en deffaut de tout quoy, consentons que la dite demoiselle* » *Pasqueraye rentre dans la possession des dites vignes.*

» Fait en double sous nos seings au Loroux le 1er. octo- » bre 1741.

» Signé : MOSTEAU, GRELLIER, veuve PASQUERAYE ».

CONSENTEMENT DONNÉ PAR UN PROPRIÉTAIRE

A UN ÉCHANGE DE VIGNES A COMPLANT

Paroisse du LOROUX-BOTTERAEU

1er Octobre 1741

« Nous soussigné Jeanne veuve Pasqueraye, propriétaire du » clos du Martraye, consens que Mathurin Durand, sabotier, » demeurant en la ville du Loroux, jouisse de trois hommées » de vigne scituées en plusieurs endroits du clos du Martray » mentionnées en l'acte d'échange qu'il en auroit fait d'avecq » Ollivier Bouillaud, au rapport de X*** notaire, le 25 août » 1729, à condition de les gresser la première foy pour les van- » danges prochaines et continuer de sept ans en sept ans, les » tailler, déhouetter, bécher et rebécher, planter aux endroits » où il en sera besoin et leur donner touts leurs tours et façons » en temps et saizons convenables, payera cinq sols à debvoir » de chapon ; conduira et rendrera le quart de la vendange à » mon pressoir qui est en la ville du Loroux, ou à pareille dis- » tance. — Et moy, Mathurin Durand, m'oblige à touttes les » clauses et conditions cy dessus sur tous mes biens meubles » et immeubles présants et futurs ; *faute de tout quoy laditte* » *demoiselle rentrera en la jouissance desdites vignes.*

» Fait en double sous nos seings, au Loroux, le 1er octobre » 1741.

» Signé : Vve PASQUERAYE. »

VENTE DE DROIT DE COMPLANT PAR UN COLON A UN COLON

Au Martheray, paroisse du LOROUX-BOTTEREAU

En date du 23 décembre 1757

« L'an 1757, le 23e jour de décembre avant midy, devant » nous notaires du marquisat de Goullaine, des cours et juris- » dictions de la Haye Bottereau et autres soussignés, avec » soumission et prorogation de jurisdiction faite et jurée à » chasqu'unes d'icelles pour l'exécution des présentes, ont » comparu François Chaillou, laboureur, et Françoise Brellet, » sa femme, de luy elle le requérant bien et duement autho- » rizée, pour la vallidité et exécution des présentes, un d'eux » seul pour le tout, renonçant au bénéfice de division ordre » de droit, discution de personnes et bien, demeurants ensem- » blement ville et paroisse du Loroux-Bottreau, lesquels ont » tant pour eux, les leurs présents et advenir avec promesse de » bonne et valable garantie, dès ce jour *et à jamais, vendu,* » *reddé, quitté, délaissé et transporté et par les présentes, vendent,* » *ceddent, quittent, délaissent et transportent* à François Aubert, » laboureur, demeurant à la Lendelle, ditte paroisse du » Loroux-Bottreau, présent et acceptant pour luy et les siens » au temps à venir, sçavoir est : **le plan et superficie** » *d'environ deuxhommées* de vigne blanche et rouge, situés » au clos du Martheray, paroisse dudit Loroux-Bottreau, en » deux endroits dudit clos .... à la charge à luy de » servir le quart des fruits à la demoiselle veuve Pasqueraye » rendable à son pressoir au Loroux. Au surplus a été la » présente vente, cession et transport ainsy faite et agréée » desdittes parties pour et moyennant la somme de *vingt quatre* » *livres* que lesdits Chaillou et femme ont dit et déclaré avoir » eu et reçu dudit Aubert, avant les heures et hors de nos » présences ; en ont quitté et quittent ledit Aubert avec toute » quittance sans aucunes réservations ; consentent qu'il jouisse, » fasse et dispose desdittes deux hommées de vignes ainsy qu'il » avisera bon estre, s'en faisant paisible et irrévocable *possesseur* » vers et contre tous.....

» Ce fut fait, consenty, receu et passé en la ville dudit » Loroux-Bottreau, étude et au rapport de Gaillard, l'un des » notaires soussignés, l'autre présent; et après que les dittes » parties ont dit et déclarées ne sçavoir écrire ny signer, etc.

» Signé : GAILLARD,

» Notaire. »

VENTE DE DROIT DE COMPLANT PAR UN COLON A UN COLON

ET CONSENTEMEXT A CETTE VENTE PAR LE PROPRIÉTAIRE

Au Martray, paroisse du LOROUX-BOTTEREAU

1° VENTE DU DROIT DE COMPLANT

20 novembre 1760

« L'an 1760, le 20e jour de novembre, avant midy, devant » nous nottaires du marquisat de Goullayne, siège du Loroux » et jurisdiction de la Haye-Bottreau, Beauchesne, soussignés » avec soumission et prorogation de jurisdiction y promise et » jurée, ont comparu Pierre Cesbron, voiturier marchand, et » Jeanne Le Cail, sa femme, elle de luy à sa prière et réqui- » sition bien et deuement authorizée pour l'effet des présantes, » demeurants en la ville et paroisse du Loroux-Bottreau, » lesquels ont, tant pour eux que leurs hoirs, successeurs et » cause ayant, *vandu, ceddé, quitté, délaissé et transporté à jamais* » par héritages autant advenir, avec promesse de garantye » vers et contre tous, à Julien Petiteau, garçon domestique » chez M. de la Chassais-Bidard, en la ditte ville du Loroux, » cy présent et acceptant aussy pour luy les siens, successeurs » et causes ayant, sçavoir est : *dans le clos du Martray* proche » cette ditte ville, **le complant** *d'environ trois hommées de* » *vignes blanches* tenues à devoir de quart, et vingt deniers par » hommée de rente ou chapon, de damoiselle Janne Grelier, » veuve Pasqueraye, *propriétaire du fond de la ditte vigne,* bornée » d'un costé etc..... ce que le dit Petiteau a dit bien connoître, » à la charge à lui de payer et servir annuellement à la ditte

» demoiselle Grellier le quart des fruits de vendanges croissant » dans la ditte vigne, rendu à son pressoir du Loroux et le » droit de chapon en entrant ; payera la dime ordinaire, ne » pourra vendanger qu'après en avoir esté averty par les pro- » priétaires du fond.....

» Fait et passé en la ville du Loroux, au rapport de Chollet, » notaire, où les comparants ayant dit ne sçavoir signer l'ont » fait faire à leur requête, Cesbron par maître René Chollet, » sa femme par maître Pierre Peraudeau et Petiteau par » Me André Hupé sur ce présents, les dits jour et an, ainsi » signé en icelle ; etc.

» Signé : CHOLLET,

» *Notaire* ».

2° CONSENTEMENT DU PROPRIÉTAIRE

3 décembre 1760

« L'an 1760, le troisième jour de décembre, avant midy, » devant nous, notaires du marquisat de Goullaine et juridic- » tion de la Haye-Bottreau, Beauchesne etc. soussignés, avec » soumission et prorogation de juridiction y promise et jurée, » a comparu demoiselle Janne Grellier, veuve Pasqueraye, » demeurant ordinairement au bourg et paroisse de Gestay, » province d'Anjou, et de présant en la ville et parroisse du » Loroux-Bottreau, *laquelle comme* **propriétaire** *du clos de* » *vigne,* nommé le Martré, près laditte ville du Loroux, a » *déclaré consentir* que Jullien Petiteau, garçon majeur, domes- » tique demeurant chez M. de la Chassais-Bidard, ditte ville » et paroisse du Loroux, *jouisse et dispose comme collon, à titre* » *de complan* et devoir de quart et chapon cy après, de trois » hommées de vignes scittuées audit clos du Martré, refferées » au contract par luy fait d'avec Pierre Cesbron et Janne le » Cail, sa femme, ainsy que laditte vigne se poursuit et » contient telle qu'elle est spécifiée au contrat devant de cet » effet du vingt novembre 1760, au raport de Chollet notaire, » aux charges et conditions audit Petiteau de bien faire et » façonner lesdittes vignes tous les ans de leurs tours, labours » et façons, suivant l'usage du pays, en temps et saison conve- » nable, de leur payer le quart de la vendange des fruits crois- » sants dans laditte vigne par chascun an ou à ses successeurs

» et causes ayants, et rendu à son pressoir en cette ditte ville » du Loroux, et en outre cinq sols de droit de rante ou chapon » pour les susdittes trois hommées de vignes à raison de dix » sols par cartier, sans que cela puisse préjudicier ny nuire à » *ladit'e demoiselle bailleresse,* en cas qu'il y ait davantage que » lesdittes trois hommées. Ne pourra vandanger ledit Petiteau » qu'aux jours quy luy seront indiqués à prône de grand » messe. Et sera tenu de passer la vendange par la route car- » tière ordinaire. Au surplus, sera tenu ledit Petiteau d'entre- » tenir ledit complant de vigne toujours bien planté et procuré » de bon plan de muscadet comme aussy de la graisser et » mânisser par raganne incessamment et ensuite de sept ans » en sept ans, conformément au règlement même de défricher » les buissons, rocher et allier quy seront adjacants à laditte » vigne en autant qu'il le pourra et sera possible.........

» Fait et passé en la ville dudit Loroux, étude et raport de » Chollet notaire sous le seing de la demoiselle Grellier. » Et d'autant que Petiteau a dit ne scavoir signer l'a fait faire » à sa requeste.

» Signé : CHOLLET,

». *Notaire* ».

CONSENTEMENT DONNÉ PAR UN PROPRIÉTAIRE

A LA CESSION FAITE PAR SON COLON DE SON DROIT DE COMPLANT

Paroisse du LOROUX-BOTTEREAU

7 janvier 1771

« Nous, Messire Claude-Henri Dubois, chevalier, seigneur » de la Ferronnière, Beauchesne et autres lieux, *consentons* que » Louis Cornet, de la Goulbaudière, *continue la jouissance* de » six hommées de vigne que *possédait sous moi Julien Jouy à » devoir de quart et chapon,* savoir : est la dite vigne sise dans » le clos des Richardières, aux conditions de les bien faire et » façonner tous les ans de leurs tours et labours ordinaires, » suivant l'usage du pays et en temps et saisons convenables, » d'ôter et défricher les ronces, épines ou poirasses si aucunes

» se trouvent, de remettre du plant où il en manque et les » graisser tous les sept ans, d'en payer le quart et chapons aux » pressoirs du château de Beauchesne, de n'entrer dans le dit » clos pour les vendanger, que lorsqu'ils auront été annoncés » à Prône de Grande-Messe et qu'il y aura un écarteur à la » route ordinaire, de les tenir bien closes et fermées vis-à-vis » de lui et de n'entrer et sortir que par la même route. La pré- » sente prise n'étant valable qu'autant qu'il satisfera aux clauses » et conditions ci-dessus, et *au cas qu'il manquât à une seule » d'icelles clauses, nous nous réservons la liberté de nous emparer des » dites vignes,* les donner ou faire vendre au profit de qui nous » semblera, sans qu'il soit besoin d'aucun ministère de justice ; » qu'il ne pourra *pareillement la vendre ou échanger qu'au préa- » lable il n'ait mon consentement.*

» Ce que moi, Louis Cornet, ai déclaré accepter et m'oblige » d'exécuter les conditions ci-dessus.

» A Beauchesne, le 7 janvier 1771.

» Signé : C.-H. DUBOIS DE LA FERRONNIÈRE. »

Après la reproduction des documents qui précèdent, dont le texte projette déjà une clarté si lumineuse sur la première période du régime des vignes à complants et sur les droits des parties en cause qui en découlent, nous croyons utile, pour dissiper s'il en était besoin encore toutes les ténèbres,d'en relater ici trois autres d'une valeur indiscutable sur la reconnaissance de ces droits.

Nous empruntons ces documents au compte rendu des intéressants travaux de la commission chargée en 1895, d'étudier le régime des vignes à complants, dans la Loire-Inférieure, travaux dont nous entretiendrons spécialement nos lecteurs dans la troisième partie de cette étude.

EXTRAIT D'UNE DÉLIBÉRATION DES ETATS DE BRETAGNE EN DATE DU 11 NOVEMBRE 1760.

Session de l'année 1760.

SÉANCE DU MARDI 11 NOVEMBRE

Changements et additions que la Commission croit qu'il est à propos de faire sur le projet de tarif des droits de contrôle et autres, acquis par les Etats.

« Les Etats sur l'article III du projet de tarif ont, conformé-
» ment à l'avis de la Commission, ordonné et ordonnent que
» dans les observations, il sera ajouté que les actes de *prises à*
» *complans* ne doivent pas être assujettis aux droits d'insinua-
» tion, parce qu'*ils ne sont point translatifs de la propriété du fond;*
» les colons plantent les vignes, ils ont seulement un droit de
» culture sur le fruit des plantations : ils peuvent même estre
» expulsés s'ils négligent de façonner les vignes en tems et sai-
» sons de cultiver et engraisser le fond qui leur a été confié. »

(*Archives de la Loire-Inférieure*, série B, n° 444, f° 190).

Pour copie conforme :

L'Archiviste du Département,

Signé : LÉON MAITRE.

DÉLIBÉRATION DU GÉNÉRAL (1) DE LA PAROISSE DE SAINT-JULIEN-DE-CONCELLES EN DATE DU 8 AVRIL 1787

« L'an 1787 le 8e jour d'avril, en la sacristie de cette église,
» après le son de la cloche, à la manière accoutumée, se sont
» capitulairement assemblés, aux fins du billet de convocation
» de dimanche dernier, premier du mois, dûment certifié du
» sieur Rohart, prestre vicaire,

» Honorables personnes, René Moreau de la Drouillardière,
» Jules Rousseau de la Vallée, Julien Pesnot, Pierre Praud, de

(1) Le Général est l'ancien nom du Corps politique qui remplissait toutes les fonctions civiles et religieuses de la paroisse.

» Montrelais, Pierre Boireau, Michel Bagrain, Joseph Morteau, » René Rousseau, Julien Pétard, Pierre Dubois, Pierre Bagrain, » Michel Hyvert, Antoine Brelet, Pierre Libeau, Michel Rousseau, anciens fabriqueurs et délibérants,

» Lesquels, délibérant sur la lettre leur adressée par Messieurs » les Commissaires des Etats à la date du 28 mars dernier, » relativement à la délibération des Etats du 19 janvier aussy » dernier, concernant les vignes à complant,

» Attestent :

» Que la culture des vignes forme le principal revenu de » notre paroisse ;

» Que cette culture, qui est naturellement circonscrite parce » qu'elle ne peut peut avoir lieu que dans les terrains qui luy » sont propres, est préférable à toute autre, en ce qu'elle donne » un plus grand produit et qu'elle exige et fait subsister une » population beaucoup plus nombreuse ;

» Qu'elle a encore l'avantage de fixer les pauvres laboureurs » à la terre, parce que la plupart des vignes sont entre les » mains des *colons* qui, suivant les conventions, ou verbales, » ou par écrit, ou simplement déterminées par l'usage du lieu, » faites entr'eux et les *propriétaires*, sont chargés de les planter » et quelquefois seulement de les engraisser, de les entretenir » et de les cultiver, moyennant une portion de fruits proportionnée à leurs avances et à leurs travaux, qui leur est cédée » par le propriétaire et à la charge encore à eux de conduire à » son pressoir la portion qu'il se réserve et qui est censée former le produit net de son terrain ;

» Que les vignes cultivées selon ces conventions, sont ce » qu'on appelle dans le pays *vignes à complant ;* que l'acte qui » contient ces conventions se nomme *prise ;* qu'il est rédigé » quelquefois devant notaire, et que le plus ordinairement, il » n'est qu'un simple billet signé du seul propriétaire ; que, » dans ce dit cas, il n'est pas moins synallagmatique et obligatoire entre les parties, parce que le bailleur se trouve lié par » sa signature avec le colon, et celui-ci par ses frais de culture » avec le bailleur ; que, souvent même, il n'existe aucun acte » de ce complant, sans qu'il en résulte aucun trouble entre le » propriétaire et le colon, l'usage qui a régné les années précédentes formant une loi invariable entre eux ;

» Que le *bail* des vignes à complant est, de sa nature, *indéfini* » pour la durée qu'il doit avoir lieu, tandis que le colon est

» exact à remplir les obligations qu'il a contractées, attendu » que le produit des vignes est proportionné à ses avances en » engrais et aux soins qu'il donne pour les bien cultiver, et » qu'il serait injuste que le propriétaire pût le dépouiller à sa » volonté et le frustrer du prix de ses travaux et des intérêts » de ses avances, intérêts qu'il lui serait impossible de retirer » pendant un bail de neuf ans;

» Que les vignes à complant, dans la main du colon, n'ont » jamais été assujeties aux droits de rachats, de lods et ventes, » de francs-fiefs et de centième-denier ; que ces droits ont été » toujours payés par le *propriétaire* ou *bailleur* du complant ; » c'est lui qui satisfait aux devoirs de fiefs, qui acquitte les » rentes foncières, qui répare le chemin limitrophe, dispose » des arbres qui se trouvent sur le terrain ; les droits de rachats » et de francs-fiefs s'ouvrent par sa mort ; — il réunit enfin » sur sa tête *tous les attributs et toutes les charges de la propriété ;*

» Que tel est l'usage qui a constamment régi les vignes à » complant du Comté Nantois, usage qui fait la base des » conventions entre les propriétaires et les colons ; usage qu'on » ne pourrait intervertir sans une injustice palpable, puisque » ce serait soumettre les colons à des charges qu'ils n'ont » jamais eu l'intention de contracter, et les réduire à l'impossi- » bilité de remplir les obligations de leur prise, la portion de » fruits qui leur est abandonnée n'étant qu'une compensation » équitable de leurs avances et le juste salaire de leurs travaux, » ce serait priver les propriétaires de leurs revenus en les » mettant dans la nécessité de se réserver une moindre pro- » portion de fruits et de leur donner leurs vignes à complant à » des conditions défavorables ; usage maintenu par les seigneurs » qui n'ont jamais perçu les droits de rachats et de lods et » ventes sur les complants de vigne ; usage confirmé par la » tentative inutile d'un contrôleur du Loroux-Bottereau qui fit » assigner, en 1731, un colon à payer les droits de francs-fiefs, » puisqu'elle fut aussitôt réprimée par M. de la Tour, inten- » dant de Bretagne, qui, par son ordonnance du 8 may de la » même année, déboute le fermier du domaine de sa demande, » et déclare expressément que *les preneurs à complant n'acquièrent* » *aucune propriété de la vigne*, dont ils ne sont que laboureurs et » colons, et qu'ils ne sont sujets à aucuns droits ; usage reconnu » par les Etats qui, par une délibération du 11 novembre 1760, » statuèrent que *les actes de vignes à complant* ne sont point

» sujets aux droits d'insinuation, parce qu'ils *ne sont point translatifs de la propriété du fond ;* usage enfin, du maintien duquel » dépend la conservation des vignes à complant, d'une culture » florissante, qui n'intéresse pas moins la province et l'Etat » que les propriétaires et la nombreuse population qu'elle » exige et qu'elle fait subsister.

» Arresté sous les seings de Michel Rousseau, Julien Pétard, » Julien Pesnot, etc., etc.

» Pour copie conforme à l'original :

» *L'Archiviste du département,*

» Signé : LÉON MAITRE ».

EXTRAIT DE LA DÉLIBÉRATION DE LA COMMISSION INTERMÉDIAIRE DES ETATS DE BRETAGNE EN DATE DU 11 MARS 1788.

Archives départementales d'Ille-et-Vilaine

SÉRIE C.

COMMISSION INTERMÉDIAIRE DES ÉTATS DE BRETAGNE.

Délibérations.

Registre C 3840, page 1102.

Mardi 11 mars 1788.

Bail à complant. — Réclamations des propriétaires et colons des vignes du Comté Nantais.

» La Commission envoye à MM. les Députés et Procureur » général syndic à la Cour, le mémoire et les pièces que » MM. ses Co-Députés de l'Evêché de Nantes lui ont adressés » concernant les réclamations des propriétaires et colons des » vignes de cet évêché, relativement aux droits auxquels les » Administrateurs des domaines et contrôles veulent assujettir » le bail à complant. Et elle leur écrit la lettre suivante :

« MESSIEURS,

» Nous avons l'honneur de vous envoyer par la diligence » un paquet contenant différents actes de notoriété qui cons-

» tatent que l'on ne perçoit point les droits de lods et ventes » et de rachat sur les complans des vignes du Comté Nantais. » Ces actes sont en partie souscrits par les seigneurs de fiefs. » MM. nos Co-Députés de ce diocèse y ont joint un certificat » du Présidial de Nantes, portant que *le bail à complant ne » transfère au cultivateur aucun droit de propriété sur le fonds » planté en vignes ;* et un mémoire relatif à la prétention des » Administrateurs des domaines, qui veulent assujettir les » complans aux droits de fiefs et autres qui sont dus sur les » propriétés foncières.

» L'objet de ce mémoire est d'obtenir une déclaration du » Roi qui maintienne les colons des vignes à complant dans » l'exemption de tous droits royaux, ouverts par ventes, suc- » cessions ou autrement *(comme au passé),* ainsi que des fouages » et des vingtièmes.

» Les propriétaires et colons des vignes ayant réclamé contre » les prétentions des Administrateurs des domaines, les Etats, » par délibération du 2 janvier 1787, renvoyèrent à la Com- » mission des domaines et contrôles l'examen de leurs repré- » sentations ; ils ordonnèrent, le 23 du même mois, qu'il vous » serait délivré, Messieurs, une copie des articles du rapport » de cette Commission qui concernoient vos charges, afin » d'intervenir en faveur des particuliers qui y étoient dénom- » més, et nous présumons que cette affaire s'y trouve » comprise.

» Nous sommes, etc.

» Pour copie conforme :

» *L'Archiviste départemental,*

» Signé : LÉON MAITRE ».

Il résulte donc de la première période de l'existence des vignes à complant et des documents qui en révèlent les origines et l'histoire, depuis le XIIe siècle, jusqu'à la Révolution française :

1° *Que les dits complants de vigne n'ont aucun caractère véritable d'origine féodale.*

2° *Que le contrat intervenu entre propriétaire et complanteur est un* BAIL.

3° *Que ce bail spécial, fait à* PERPÉTUITÉ *ou à* JAMAIS, *ne confère au preneur, aucun droit sur la propriété du fonds, mais simplement un droit de jouissance à perpétuité, pour lui et ses successeurs, des vignes complantées et* RÉGULIÈREMENT ENTRETENUES.

4° *Qu'en cas d'inexécution des travaux de culture auxquels le preneur s'oblige,* LE BAIL EST RÉSILIÉ ET LE BAILLEUR RENTRE DANS SA PROPRIÉTÉ DU FONDS.

5° *Que dès lors, la durée du bail improprement qualifiée de* A PERPÉTUITÉ *ou de* A JAMAIS *est rationnellement, celle correspondant à* LA DURÉE DE LA VIGNE, *objet unique de la convention.*

6° *Que c'est bien là, la règle qu'ont toujours observée les intéressés et qui a été consacrée par un usage de quatre siècles.*

7° *Qu'enfin et pendant toute cette première période, aucune difficulté ne s'est révélée entre colons et propriétaires respectueux de leurs devoirs et de leurs droits respectifs.*

CHAPITRE DEUXIÈME

Seconde période commençant à la Révolution française et se terminant en 1895

La Révolution a-t-elle respecté l'ancien régime des " Complants " ou modifié ce régime? Le bail à complant a-t-il été l'objet d'une codification spéciale? A-t-il été soumis à l'appréciation des législateurs ou à des décisions judiciaires? Dans l'affirmative quelles ont été ces appréciations et ces décisions?

§ I

Ouvrons la deuxième partie de cette étude en glorifiant ce que fut le grandiose et terrible épisode de notre histoire: *La Révolution Française.*

Oui, certes, arrêtons-nous un instant devant l'œuvre gigantesque entreprise et réalisée et admirons une fois de plus, avec une émotion profonde de respectueuse et filiale reconnaissance ce qu'eurent de magnanime, de sublime, les efforts héroïques et l'énergie suprême de nos pères résolus à mourir ou à nous léguer la liberté !

Inclinons-nous bien bas devant leurs nobles et énergiques figures, et conservons pieusement, avec le souvenir immortel des souffrances qui déchaînèrent sur la France une « *tempête frémissante de sainte et salutaire colère,* » le patrimoine précieux de la régénération triomphante du peuple, née de l'auguste enfantement des droits de l'homme et du citoyen.

La nuit, à jamais mémorable, du 4 août 1789, fut le magistral prélude de cette œuvre immense de rénovation sociale qui, victorieuse des privilèges de castes, par la force mystérieuse d'une ivresse indomptable, allait donner au monde l'étonnante expression de son inconcevable grandeur.

Jamais le cœur de l'homme ne fut saisi d'un plus généreux amour de l'humanité. Jamais le cerveau d'un libérateur ne reçut l'empreinte d'un plus nobre idéal de justice ! Jamais la volonté humaine ne convergea vers un plus ardent désir de créer la Patrie fraternelle !

La tyrannie, l'oppression, le mensonge, les préjugés allaient enfin crouler sous l'ardeur irrésistible de l'Assemblée nationale et le rêve sublime des penseurs et des libertaires, allait se transformer en une éblouissante et consolante réalité.

« Peindre fidèlement, a écrit Louis Blanc, l'ivresse sainte, » l'indomptable ivresse, dont cette nuit du 4 août signala » le mystérieux empire, les écrivains qui en furent témoins, » l'ont eux-mêmes tenté vainement.

» Ce fut une fièvre de générosité, ce fut un délire d'abné- » gation auxquels les annales d'aucun autre peuple n'eurent » jamais rien de comparable.....

....

» L'émotion allait croissant. Une impatience qui ne différait » pas de l'héroïsme, confondait les vœux en rapprochant les » âmes. Le nombre des offres généreuses était si considérable, » le concours des motions expiatoires si véhément que les » secrétaires n'en pouvaient suivre, sur le papier, l'énuméra- » tion trop rapide.

....

» La pâleur des grandes inspirations couvrait tous les » visages. Une sorte de feu divin jaillissait de tous les regards; » on s'encourageait mutuellement à être heureux par la justice, » à être fort par l'amour; une invincible main semblait avoir, » du moins, pour un instant, écarté le voile qui dérobe aux » Sociétés imparfaites la vue des horizons lumineux. La séance » était une fête sacrée, la tribune un autel, la salle des délibé- » rations était un temple. Ah! de tels souvenirs nous acca- » blent, faible génération que nous sommes. Car, enfin, que » savons-nous aujourd'hui d'égal à votre Majesté, scènes im- » posantes qui fûtes la gloire de nos pères ! »

....

Les conquêtes acquises par le peuple dans la nuit du 4 août 1789 qui marqua le commencement du règne de la Loi, sont les suivantes :

Abolition de la qualité de serf et de la mainmorte, sous quelque dénomination qu'elle existe ;

Faculté de rembourser les DROITS SEIGNEURIAUX ;

Abolition des juridictions seigneuriales ;

Suppression du droit exclusif de chasse, des colombiers et des garennes ;

Taxe en argent représentative de la dîme ; rachat pos ible de TOUTES LES DIMES, *de quelque espèce que ce soit ;*

Abolition de tous privilèges et immunités pécuniaires ;

Egalité des impôts ;

Admission de tous les citoyens aux emplois civils et militaires ;

Déclaration de l'établissement prochain d'une justice gratuite et de la suppression de la vénalité des offices ;

Abandon du privilège particulier des provinces et des villes ;

Suppression du droit de déport et vacat des annates, de la pluralité des bénéfices ;

Destruction des pensions obtenues sans titres ;

Réformation des Jurandes.

Après l'adoption des décrets rédigés, d'enthousiasme, dans la nuit du 4 août, il ne restait plus qu'à leur donner une consécration solennelle et définitive, c'est ce que l'Assemblée commença à faire le 6 août.

Le député *Duport,* proposa une formule qui, dans sa brièveté, résumait la victoire d'un siècle de combat : « *L'Assemblée nationale détruit entièrement le régime féodal.* » Puis il fit voter l'arrêté suivant à jamais célèbre dans l'histoire des conquêtes de l'esprit humain :

« *L'Assemblée nationale abolit entièrement le régime féodal et*
» *déclare que dans les droits et les devoirs tant féodaux que censuels,*
» *ceux qui tiennent à la mainmorte réelle ou personnelle et à la*
» *servitude personnelle, et ceux qui les représentent, sont abolis*
» *sans indemnité ; que tous les autres sont déclarés rachetables et*
» *que le prix et le mode de rachat seront fixés par l'Assemblée*
» *nationale. Elle ordonne que ceux de ces droits qui ne sont pas*
» *supprimés ci-dessus, continueront néanmoins à être perçus jusqu'à*
» *remboursement.* »

Le 11 août, après une discussion de plusieurs jours, au cours desquelles Mirabeau, surtout, et l'abbé Siéyès donnèrent des preuves si éclatantes de leur prodigieux talent oratoire, il fut décidé "*que les dîmes perçues par le clergé seraient abolies*" et le 2 novembre suivant, après six semaines de débat, fut voté par 568 voix contre 346, le décret ordonnant "*que les biens du clergé étaient mis à la disposition de la nation*".

Nous pourrions retracer ici, par un aperçu historique, combien fut légitime ce retour à la nation des biens que le clergé avait arraché à la crédulité populaire abusée ; nous pourrions dire combien fut justifiée cette mesure par l'application scandaleuse que les prêtres avaient fait, à leur profit, des richesses provenant de la dévotion des fidèles et cela en violation des dispositions des Conciles de Carthage en 398, d'Aix-la-Chapelle en 816, d'Orléans, de Bâle, etc... lesquelles dispositions imposaient à l'Eglise, selon la formule même des actes de donation au temps de Charlemagne : *« l'emploi des biens mis dans les » mains du clergé à la nourriture et entretien des pauvres et des » clercs !!!...... »* Mais tel n'est pas le but de cette étude et telle n'est pas la tâche que nous nous sommes imposée.

Aussi bien, poursuivrons-nous nos recherches et continuerons-nous d'examiner, indépendamment des considérations relevées et des arguments que nous avons déjà fournis, dans notre paragraphe 3e traitant du régime féodal, si notre bail à complant de vignes peut, à bon droit, figurer dans le cadre des réformes plus haut citées et si les prestations qui en découlent, peuvent être comprises dans l'une ou l'autre des catégories des droits seigneuriaux abolis ou des redevances déclarées rachetables par les décrets et lois sus-visés.

Pour qu'il put en être ainsi, nous ne saurions trop le répéter, il faudrait nécessairement que notre bail à complant eût constitué sinon un contrat féodal, du moins un acte récognitif de seigneurie, ou qu'il constituât — non pas un bail spécial de culture — mais un bail à rente, véritable acte de vente ou d'aliénation d'un fonds donné à titre onéreux ou gratuit. Que la redevance, en nature, qu'il impose au colon eût pu être considérée, dès lors, sinon comme une taxe, une dîme, un droit seigneurial quelconque, tout au moins comme un droit *« de terrage »* provenant de l'abandon ou de la concession d'un fonds, sorte de rente foncière rachetable aux termes de l'art. 530 ; qu'en un mot il put revêtir, à l'égard des parties en cause, le caractère dont la Révolution a brisé le principe, savoir : *« un mode de possession désastreux pour l'ensemble du corps social »* (1).

Or, rien de semblable, nous en avons les plus précieux témoignages, ne saurait se retrouver dans l'esprit ou la forme de ce

(1) V. la législation et la jurisprudence et notamment : Cod. Anno. de Dalloz, art. 530, t. Ier, p. 864, § Ier, nos 2 à 15 ; § 2 nos 16 à 19 ; § 3 en entier ; J.-G. 61, 65, 68, 72, 74, 75, 77, 78, 82. — Merlin, Rép. V. ren. fonc. § 2. Aubry et Rau, 5e édit., t. 2 § 224, ter. texte et note 13, p. 652, 653 ; Laurent, t. 27 n° 59. Voir encore sur le caractère des rentes foncières : Marcadé, t. 2, sur l'art. 530 ; Demante et Colmet de Santerre, 3e édit. t. 2. ; Fœlix et Henrion, rente fonc. ; Toulhier t. 5, etc.

contrat et c'est en vain, plus que jamais, qu'on objecterait que la redevance mise à la charge du colon pour une durée dite *« perpétuelle »* ou *« à jamais »*, dépassant ou pouvant dépasser en tout cas, plus de quatre-vingt-dix-neuf ans, constituerait un bail à *locatairie* ou à *culture perpétuelle,* assimilé au bail à rente foncière, justiciable du droit de rachat, comme transmissible du *domaine utile.*

Il existe en effet des dissemblances capitales entre la rente foncière, constituée pour la cession à titre onéreux ou gratuit d'un fonds immobilier et la redevance servie par nos colons aux termes du bail à complant ; comme il existe aussi des différences indiscutables entre le bail *réel* à culture perpétuelle et le bail à complant *dit à tort* à durée *perpétuelle.*

Ces différences sont les suivantes :

I. — La rente foncière, qu'elle soit constituée en numéraire ou en nature, sera généralement d'un chiffre *déterminé,* tandis qu'il n'en est pas ainsi pour la redevance, exclusivement en nature, servie par le colon.

Celle-ci est en substance, soumise aux plus aléatoires variations selon l'abondance ou la précarité des récoltes successives et au lieu de contracter un engagement ferme, disposant un chiffre déterminé et immuable, le colon ne s'oblige à servir à son propriétaire qu'une part fixée de ce qu'il récoltera lui-même, de telle sorte que, si les intempéries le privent de cette récolte, il se trouve libéré de son obligation.

II. — Dans le bail à rente, le preneur est investi de la propriété du fonds ; il en est l'incontestable cessionnaire et, comme tel, libre de faire dans ce fonds toutes les cultures, tous les changements qui lui semblent bons ou utiles à ses intérêts, pourvu qu'il ne détériore pas, toutefois, ce fonds ou n'en amoindrisse pas la valeur. Il prend en charge l'impôt foncier, jouit des arbres futaies et, en un mot, fait acte, en tout état de cause, de propriétaire.

Toutes ces particularités sont, on le sait, étrangères aux charges, et contraires aux droits du preneur à complant.

III. — Le bail à *locatairie perpétuelle* et le bail à *culture perpétuelle*, ou d'une durée supérieure à 99 ans, (avec lesquels on confond trop facilement notre bail à complant de vignes), donnent lieu à des prestations qui, aux termes de notre droit intermédiaire ou moderne, sont en effet justiciables du rachat.

N'ayant cependant aucun caractère de droit féodal reconnu, leur principe comme leur nature et leurs effets ont subsisté aux transformations sociales de 1789. Ces baux qui, aux termes des lois des 18 et 29 décembre 1790 et 2 prairial an 2, emportent au profit du preneur, par une véritable *aliénation* de la propriété du fonds, la possession du DOMAINE UTILE et sont assimilés, par suite, au bail à rente foncière, *translatifs* de la propriété du dit fonds, n'ont rien de commun avec notre bail à complant de vignes.

Dans ces derniers, le bailleur ne conserve sur le fonds cédé aucun droit réel, mais simplement un droit de créance, un droit mobilier, contre le preneur.

Le fonds peut être saisi sur la tête du preneur et le bailleur ne saurait même dans ce cas, demander la résolution de son contrat, sous le prétexte, par exemple, que les articles 692 et 717 du Cod. de proc. civ. s'opposeraient à ce qu'il put exercer postérieurement, contre l'adjudicataire, le paiement des arrérages offerts ou à échoir.

De plus, le preneur n'est astreint ici, à aucune culture spéciale et il exploite le fonds baillé comme il lui convient (1).

Ainsi qu'on peut s'en convaincre, aucune de ces particularités n'est applicable au bail à complant de vignes, et ne se retrouve dans la situation faite aux parties qui y concourent.

C'est donc à tort que, tirant argument des termes donnés à la durée dite « *perpétuelle* » ou « *à jamais* », des baux à complants de vigne, on a voulu en assimiler l'esprit ou la forme

---

(1) Sur le « *bail à rente* ». V. la législation, la doctrine et la jurisprudence déjà citées.

Sur le « *bail à locatairie et à culture perpétuelles* ». V. Cod. ann. de Dalloz, liv. III, titre VIII, § 1, 2, 3, 4 et 5, p. 539 et 540. Jur. Gén.: Louage à locat. perp., de 1 à 13. — Propr. feod., 139, 279. — Nimes, 25 nov. 1895, D.-P. 96-2-388. — Rivière, Revue crit. de législ. et de jurispr., t. 35, 1869, p. 200, 201. — Garsonnet, des locat. perpét., p. 423. — Aubry et Rau, 4e édit., t. 2, § 224, notes 13 et 14, p. 642. — Guillouard, op. cit., 3e édit., t. 1, no 56. — Demante et Colmet de Santerre, 2e édit., t. II, no 378 bis. IV — Baudry-Lacantinerie et Wahl, t. 2, no 1526. — Nimes, 10 nov. 1904, Gaz. des Trib. du 5 janvier 1905.

Sur le « *bail à complant* ». V. cod. ann. de Dalloz, liv. III, titre VIII, appendice II, § 1, 2, 3, 4, 5 et 6, p. 525 et 526. — Jur. gén. : Louage à complant et à champart, 1, 4, 5 et 6. — Avis du Cons. d'Etat du 24 mess., an X. - Jur. gén.: Prop. féod. 227. - Comp. Instr. de la rég., 5 pluv. an XI. — Duvergier, t. 3, no 139. — Hérold, Revue prat. de Droit français, t. 3, 1857, p. 364 à 372. — Baudry-Lacantinerie et Wahl, 1re édit., t. 2, nos 1133 et s. et 2e édit., t. 2, nos 1151, 1512, 1517 et s. Planiol, Traité élément. de droit civil, 2e édit., t. 2, nos 1810 et 1811. — Poitiers, 19 avril 1894, D-P., 94-2-383. — Cass. Req. 11 fév. 1896, D-P., 96-1-239. — 14 nov. 1900, D.-P., 1900-1-597. - Troplong, Louage, nos 50 et 60. — Demolombe, t. IX, no 500.

Rapp. de M. Gellibert des Séguins à la Chambre des Députés, annexe no 2337, Journal Officiel du 18 mai 1897, p. 370.

Rapp. de M. Lecour-Grandmaison au Sénat, 28 janvier 1898, annexe no 23, Journal Officiel du 20 mai 1898, p. 62.

avec ces derniers, et rendre communes à des contrats si différents, des règles de droit aussi, si différentes.

Personne n'ignore, à la vérité, que dans cette qualification de la durée de leurs conventions, colons et propriétaires ont entendu ne donner à celles-ci, sous le double terme de « *à perpétuité* » ou « *à jamais* », qu'une durée équivalente à celle de la vie de la vigne.

Ce qui en constitue le témoignage irréfutable contre les colons, c'est qu'au moment de l'invasion de la vigne par le phylloxéra, ceux-ci, considérant que la mort de la vigne allait entraîner la perte de leurs droits, demandèrent en 1894, au Parlement, « *en raison du cas de force majeure survenu* », de prononcer si dans une circonstance aussi particulière, le bail *pouvait périr avec la vigne ?!*

Nous verrons plus loin, quelle fut la réponse du Législateur de 1898, mais nous devons noter ici, qu'en saisissant le Parlement d'une semblable question, le colon reconnaissait bien, *formellement*, que l'exercice de son droit n'avait pas d'autre durée que celle de l'*existence de la vigne*, *qu'il périssait avec elle* et qu'il n'existait aucune disposition contraire à ce principe dans la législation. Nous verrons, au surplus, sans tarder, ainsi que nous nous sommes déjà réservés de le faire connaître, ce qu'on doit entendre, juridiquement, par le *caractère perpétuel* des conventions.

Ajoutons encore, pour terminer ce paragraphe, où la dissemblance existant entre les baux à rente foncière, à locatairie ou à culture perpétuelles et le bail à complant, se trouve démontrée, que c'est dans un même sens, que se sont prononcés, le 4 nivôse, an VIII, les Juges du Tribunal civil de la Loire-Inférieure, par un acte de notoriété dont voici la teneur :

Acte de Notoriété sur le bail à Complant

(4 nivôse An VIII)

« Les juges du Tribunal civil du département de la Loire-Inférieure,

» Attestent :

» Que, suivant l'usage général du ci-devant Comté Nantais
» le bail des vignes à complant et à devoir d'une portion de

» fruits, telle que du quart, du tiers ou de la moitié, n'est, à » proprement parler, qu'un bail à fermage pour un temps » illimité, *qui ne peut être confondu* avec *le bail à rente*, ni » avec les baux à complant utilisés dans les autres pays ;

» Que celui-ci *transporte la propriété du fonds au preneur*, qui » peut faire sur l'objet arrenté tous les changements que bon lui » semble, pourvu qu'il ne le détériore pas et que le fonds puisse » répondre du service de la rente ; que le preneur de vignes à » complant, qui n'a *jamais été considéré comme propriétaire du* » *fonds*, ne peut en changer la culture et est obligé de faire à » la vigne tous les tours et façons et de remplir les autres » conditions du bail, *sous peine d'être expulsé par le propriétaire,* » *ou bailleur du fonds ;*

» Que le preneur à rente est propriétaire des arbres et haies » qui entourent le terrain arrenté ; que le preneur à complant » n'en a point la propriété, et que si, dans quelques cantons, » il a la disposition des émondes et de la tonte des haies, c'est » pour le dédommager des frais de clôture ;

» Que le preneur à rente rendait aveu au seigneur du fief, et » que le preneur à complant n'en rendait pas ;

» Que le preneur à rente est imposé au rôle des contribu- » tions foncières et était assujetti aux réparations des chemins » vicinaux ; que ces réparations ont toujours été à la charge » des bailleurs à complant, et que ceux-ci ont seuls été » imposés au rôle des vingtièmes et sont encore seuls imposés » aux rôles des contributions foncières ;

» *Que le preneur à rente est tenu de donner attournance ou titre* » *nouveau tous les 30 ou 40 ans*, et qu'il n'est pas d'usage qu'on » en exige du preneur à complant, qui n'étant pas considéré » comme jouissant *pro suo*, ne peut conséquemment prescrire » contre le bailleur ;

» Que le preneur à rente a pu s'en libérer et en faire le » franchissement en vertu de la loi du 29 décembre 1790, et » que le preneur à complant n'y a jamais été admis ; que, » toutes les fois que le preneur à complant, débiteur envers un » ci-devant seigneur de fief, voulant se prévaloir de la loi du » 17 Juillet 1793, a essayé de se décharger de la prestation et » de la faire considérer comme féodale, il lui a été ordonné de » prouver l'inféodation, et que, faute de cette preuve, il a été » condamné d'en continuer le service ;

» *Qu'admettre les preneurs à complant à se libérer et à faire le*

» *franchissement de leur prestation, ce serait dépouiller les bailleurs*
» *de leur propriété et la transporter à leurs colons ou preneurs ; que*
» *ce serait leur faire un préjudice considérable, en ce qu'on rendrait*
» *inutiles et sans valeurs leurs logements, celliers, pressoirs, maga-*
» *sins, chaufferies et autres ménageries destinées à l'exploitation des*
» *fruits dont leurs fermiers ou colons leur sont redevables.*

» Arrêté en Tribunal à Nantes, ce 4 nivôse an VIII de la
» République française, une et indivisible.

» Signé :

» MAUSSION, JUGUET, GAUDON, CORMIER, JOYAU,
» PRATON, DARDEL, DUOT, FRANCHETEAU,
» LECOMTE, MAGOUET-MONDESANNE, COI-
» QUAUD, SAUVREZIS, AUDAP. »

§ II

Malgré les considérations qui précèdent et les documents sur lesquels elles sont étayées, les décrets de l'Assemblée Nationale et les lois qui les suivirent de près, ne manquèrent pas de donner lieu à d'inévitables interprétations opposées.

Le domaine public étant devenu le successeur des corporations abolies, et aussi le successeur, ou pour parler plus exactement, l'administrateur de terrains complantés en vignes, en vertu de baux antérieurs entre colons et des propriétaires émigrés, la mise en vente de certains de ces biens s'opéra.

Dans la Loire-Inférieure, l'administration centrale procéda de même, mais des difficultés furent opposées à la jouissance des adjudicataires, avec une telle vigueur, que force fut de suspendre la vente des vignes à complant et de s'adresser au corps législatif, pour obtenir une loi régissant, désormais, cette catégorie de biens.

Les questions dont fut saisi le Conseil d'État étaient les suivantes :

1° *Les redevances connues sous le nom de* COMPLANT OU DEVOIR de TIERS *et de* QUART SONT-ELLES OU NON *soumises à la faculté de rachat accordée à tous les redevables de rentes foncières par la loi des 18-29 Décembre 1790 ?*

2° SONT-ELLES OU NON SUPPRIMÉES *par la loi du 17 juillet 1793 ?*

Pour éclairer le Conseil d'Etat sur l'importance de la question qu'il avait à résoudre, l'administration du Département de la Loire-Inférieure, lui soumit un grand nombre de pièces et documents parmi lesquels des actes de notoriété, des baux, exponces, etc...

LE 2 THERMIDOR, AN VIII, *le Conseil d'Etat* solutionnait la question, *par l'avis suivant qui, approuvé le* 4 THERMIDOR, *par le chef du Gouvernement, fut inséré au* BULLETIN DES LOIS.

Avis du Conseil d'État

(du 2 Thermidor an VIII)

« Le Conseil d'Etat,

» Qui, sur le renvoi des consuls, et sur le rapport de la » Section des finances, a discuté un rapport du Ministre des » Finances sur la question de savoir s'il est nécessaire de pro- » poser au Corps législatif une loi dont l'objet serait de déclarer » que la loi du 18-29 décembre 1790, qui autorise le rachat » des rentes foncières, et celle du 17 juillet 1793, portant » suppression, sans indemnité, des redevances seigneuriales et » féodales, ne sont pas applicables aux baux à complant ou » baux de vignes à portion de fruits, usités dans le départe- » ment de la Loire-Inférieure.

» Après avoir vu quinze baux de vignes à complant, des » années 1638 et suivantes, jusques et y compris l'an VI, » ensemble un acte de notoriété du Tribunal civil du départe- » ment de la Loire-Inférieure du 4 nivôse, an VIII.

» Considérant que, d'après ces actes, *il est évident que le bail » à complant ne transfère au preneur aucun droit sur la propriété » des biens qui en font l'objet;* que celui-ci, ses héritiers et » représentants, ne possèdent qu'*au même titre* et *de la même » manière* que *les fermiers ordinaires,* sauf la durée de la jouis- » sance ; que la contribution foncière *est due et payée* par le » *bailleur*, circonstance qui détermine avec encore plus de » précision le caractère de cette tenue, et qu'on ne pourrait » *considérer les colons ou fermiers comme propriétaires des biens » qu'ils tiennent à complant,* sans rendre inutiles et sans valeur » les bâtiments, celliers et pressoirs répandus sur la surface du

» territoire appartenant aux bailleurs, et destinés par eux à
» l'exploitation des fruits dont les fermiers ou colons sont
» redevables envers eux.

» Considérant aussi que la tenue dont il s'agit, rentre dans
» l'espèce de celle connue sous le nom *de tenue convenancière*
» *ou à domaine congéable,* usitée dans plusieurs départements
» formés de la ci-devant Bretagne et que *les bailleurs des biens*
» *concédés à ce titre,* ont *été maintenus dans la propriété de ces*
» *biens par décrets de l'Assemblée constituante des 30 mai, 1er, 6*
» *et 7 juin 1791, confirmés par la loi du 9 brumaire an VI.*

» Est d'avis :

» *Qu'il n'est pas nécessaire de recourir au législateur, pour*
» *maintenir ou conserver dans la main des bailleurs ou de leurs*
» *héritiers ou représentants, la propriété des biens concédés sous le*
» *titre de bail à complant dans le département de la Loire-Inférieure ;*

» *Que la portion de fruits que s'y sont réservée les bailleurs, doit*
» *leur être payée sans difficulté par les preneurs, lesquels ne*
» *peuvent forcer les bailleurs d'en recevoir le rachat ;*

» *Et qu'enfin le Ministre des Finances doit prescrire à la régie*
» *de l'enregistrement, de se conformer à ces principes relativement*
» *aux redevances de cette nature qui appartiennent à la Nation.* »

Il semble qu'après de telles dispositions, de droit, la question de rachat ne dut plus être posée, c'est cependant le contraire qui se produisit et on ne saurait s'en plaindre car, à leur tour, différents Tribunaux et la Cour de Cassation elle-même eurent à se prononcer et à établir une jurisprudence qui deviendrait désormais la règle du droit des intéressés.

A la date du 7 août 1837, la Cour de cassation eût en effet à trancher cette question et voici dans quelles circonstances :

Par acte notarié, daté du 25 mai 1723, un sieur T..., en la paroisse de St Donatien, ville de Nantes, cédait à divers colons un clos de vignes à titre *de remise et devoir de tiers,* à la charge par les preneurs, était-il dit dans ce contrat :

» De bien et dûment faire les dites vignes de tous leurs soins
» et façons..., pour les dits preneurs, en payer au dit bailleur
» par chacun an le tiers de la vendange qui y croistra et en cas
» que les dits preneurs seraient à demeure d'exécuter les
» clauses, charges et conditions ci-dessus, et à défaut par
» eux d'entretenir les dites vignes comme est ci-devant dit,

» ceux qui y manqueront perdront, la première année, » leur part de vendange, et la seconde année le dit » sieur bailleur pourra les expulser... A l'égard des haies et des » émondes, elles seront coupées, abattues et fagottées, par les » dits preneurs, et le tiers par eux rendu au dit sieur » bailleur ; et quant aux arbres, de quelque espèce qu'ils » soient, qui sont actuellement existants dans la dite vigne et » autour d'icelle, même ceux qui s'y pourront élever à l'avenir » le bailleur se réserve la faculté de les faire abattre par le pied » et en disposer seul à son profit, etc...»

Les héritiers du sieur T... ayant vendu par acte authentique des 29 et 30 avril 1828, à un sieur de la Tullaye, le clos de vignes, objet du bail sus visé, celui-ci intenta une action judiciaire devant le Tribunal d'Ancenis à un sieur Petit-des-Rochettes, possesseur d'une partie des complants du dit clos de vignes pour voir décider par le Tribunal « qu'aux termes du bail du 25 mai 1723, il était et devait être judiciairement tenu d'abandonner au demandeur, sa part dans la récolte prochaine ; que faute de se soumettre aux conditions prescrites par le dit bail, il serait déclaré déchu du droit de complant, et conséquemment que le sieur de la Tullaye serait autorisé à rentrer dans la propriété entière. »

Le sieur Petit-des-Rochettes, se trouvant en présence d'un propriétaire étranger à la famille du sieur T... bailleur originaire du clos de vignes en question, avait estimé pouvoir suspendre son devoir, et dans le procès, il se crut le droit de former contre lui une demande reconventionnelle, tendant à faire proclamer par le Tribunal, son droit au rachat, moyennant indemnité à fixer par expert, des charges, redevances ou devoirs de fruits dont il était tenu.

Le 10 mai 1833, le Tribunal rendit le jugement suivant :

» Considérant qu'il n'existe au procès aucun titre reconnu » par les parties, et qu'en l'absence de titre et de loi ou » coutume écrite, c'est aux usages locaux qu'on doit avoir » recours ;

» Considérant qu'il est d'usage *immémorial, général* et » *constant* dans le territoire formant le département de la » Loire-Inférieure, que les bailleurs de vignes à devoir de » moitié, de tiers ou de quart, conservaient la propriété du » fonds par eux baillé ; que cet usage n'a jamais varié ; que la » contribution foncière, charge inséparable de la propriété

» utile, a toujours été payée par les bailleurs ; qu'aujourd'hui » encore, les mêmes bailleurs acquittent seuls, l'impôt foncier » et supportent les autres charges qui incombent au proprié- » taire ; qu'ils disposent seuls et à leur gré des arbres futaies » qui existent sur les biens ainsi baillés ; que dans les muta- » tions par décès, le fonds est toujours compris dans la » succession du bailleur, tandis que les preneurs n'acquittent » les droits que sur la valeur du plant qu'ils font figurer au » nombre des objets mobiliers dépendant de la succession ; » que dans les transactions et ventes de biens de cette nature » les preneurs ne se considèrent jamais que comme proprié- » taires du plant ;

» Considérant que les rentes dont parle l'art. 530 du Cod. » Civ. ne sont rachetables que lorsqu'elles sont établies à » perpétuité pour le prix de la vente d'un immeuble, ou comme » condition de la session à titre onéreux ou gratuit d'un fonds » immobilier ;

» Considérant que, dans le ci-devant Comté nantais, les » baux à devoir de moitié, de tiers et de quart n'étaient pas » translatifs de propriété ; que le domaine *direct* et *utile* en est » toujours resté au bailleur, que, par conséquent, dans l'espèce, » la portion de fruits qui revient au sieur de la Tullaye ne » peut être considérée comme une rente foncière dont la loi » autorise le rachat ;

» Le Tribunal déboute le sieur Petit-des-Rochettes, etc,... »

Celui-ci, ne se tenant pas pour battu, releva appel du jugement qui condamnait ses prétentions et, *le 12 mars 1834, la Cour Royale de Rennes, 1re Chambre civile,* rendait un arrêt qui « *adoptant les motifs des premiers juges* » CONFIRMAIT LEUR JUGEMENT.

Cependant, cet arrêt contenant l'indication que trois Conseillers avaient été appelés pour compléter la première chambre ; le sr Petit-des-Rochettes, mécontent des résultats obtenus, vit dans cette circonstance particulière, comme une chance de plus, pour faire casser cet arrêt et arriver à ses fins ; il saisit donc la Cour suprême de son pourvoi en le basant sur :

En la forme,

1° La violation de l'art. 4 de l'ordonnance royale du 24 septembre 1828, ainsi conçu : « Pendant les sessions d'assises aux » chefs-lieux des Cours, les magistrats tirés des autres Chambres

» pour former la Cour d'assises seront remplacés par ceux des » chambres des mises en accusation, à tour de rôle et en » commençant par le dernier sur la liste de rang.

» Il en sera de même pour le service des autres chambres » lorsque le nombre de sept ou de quatorze juges devra être » complété. »

(Il est à noter que les trois conseillers appelés pour compléter la 1re ch. civile, appartenaient a la 2e ch. civ. et non à la chambre des mises en accusation; que rien ne constatait, en outre, l'empêchement des membres de cette dernière chambre.)

Au fond,

2° La violation de l'art. 1er de la loi des 18-29 déc. 1790; de la loi du 2 prairial, an II; des art. 6 et 7 de la loi du 11 brumaire, an VII, et des art. 529 et 530 du Cod. civ., le bénéfice des dites lois sur le rachat des redevances foncières s'étendant au contrat de complant.

Et à l'appui de cette thèse le sr Petit-des-Rochettes invoquait les considérations suivantes:

« *On a dit que le complant et le bail à complant, commun en* » *Bretagne, dans le Comté Nantais* (Loire-Infre) *était la portion* » *que le seigneur prenait sur le fruit des vignes qu'il avait baillées* » *à complanter, exploiter et cultiver. Or, les auteurs expliquent que* » *le complant est un contrat par lequel le propriétaire d'un héritage* » *le transporte au preneur; c'est une sorte de bail perpétuel; il* » *forme une des branches du contrat connu sous le terme générique* » *de champart, terme usité dans plusieurs coutumes pour exprimer* » *une redevance qui consiste dans une certaine portion de fruits* » *qu'on recueille sur l'héritage assujetti à ce droit.* »

« *En s'attachant donc à la nature et aux caractères du complant,* » *on voit que l'arrêt attaqué, qui a rejeté la demande en rachat,* » A VIOLÉ: *1° l'art. 1er de la loi du 29 déc. 1790, qui déclare* » *rachetables toutes les rentes foncières, soit en nature, soit en* » *argent, de quelque espèce qu'elles soient, les champarts de toute* » *espèce et sous toute dénomination; 2° la loi du 2 Prair. an II,* » *qui porte que les baux des fonds donnés à culture perpétuelle* » *sont soumis au rachat, lequel ne peut être exercé que par celui qui* » *détient et possède réellement le bien grevé de la prestation, consé-* » *quemment par le preneur; 3° l'art. 530 du Code civil qui,* » *comme l'art. 1er de la loi du 29 déc. 1790, autorise le rachat* » *des rentes établies à perpétuité, pour la cession d'un fonds; 4° et*

» *encore les art. 7 de la loi du 11 brum. an VII et 528 du Code*
» *civ. relatifs au caractère mobilier des rentes.* »

« *En effet, le complant transfère à toujours un droit au preneur*
» *sur la propriété qui en est l'objet; il constitue le* BAIL PERPÉTUEL,
» *qui a le caractère et les effets d'une véritable aliénation.* »

Tous ces motifs, comme on peut s'en rendre compte, étaient, quoique d'interprétation assez élargie, très nets dans leur invocation de principe et leur exposé. On va voir comment la Cour suprême y répondit.

Du 7 AOUT 1837, COUR DE CASSATION, *Ch. civ. MMrs Portalis, premier Président, Thil rapporteur, Laplagne-Barris avocat général, Piet et Dalloz av.*

La Cour :

« *Sur le moyen de forme : Attendu que rien ne constate en fait*
» *que les magistrats appelés pour compléter la Chambre de la Cour*
» *royale de Rennes qui a rendu l'arrêt attaqué l'aient été contraire-*
» *ment aux prescriptions de l'ordonnance du 24 sept. 1828.* »

« SUR LE MOYEN DU FOND : *Attendu qu'il résulte de l'avis du*
» *Conseil d'Etat du 4 Therm. an VIII, approuvé le même jour par*
» *le Chef du Gouvernement et inséré au Bulletin des Lois, que la*
» *loi du 29 déc. 1790, qui autorise le rachat des rentes foncières,*
» *n'est pas applicable aux baux de vignes à portion de fruits usités*
» *dans le département de la Loire-Inférieure.*

» *Qu'en jugeant dès lors, que le demandeur n'avait pas le droit*
» *de* FORCER LE Sr DE LA TULLAYE DE RECEVOIR LE RACHAT DE
» LA PORTION DE FRUITS RÉSERVÉE AU PROFIT DE SES AUTEURS
» *par le bail d'une partie de vignes située dans le département de la*
» *Loire-Inférieure, l'arrêt attaqué n'a* POINT VIOLÉ LA LOI DU
» 29 DÉCEMBRE 1790, NI LES AUTRES LOIS INVOQUÉES PAR LE
» DEMANDEUR ;

» REJETTE. »

Il pourrait paraître comme suffisamment démontré, par les documents qu'on vient de lire, lesquels déterminent souverainement le droit des parties intéressées, que la thèse du rachat, invoquée par certains esprits, n'a aucune portée légale et que nous pourrions, sans critique sérieuse, clore ce chapitre sur l'autorité des décisions que nous venons de rapporter.

Nous n'en ferons rien, cependant, voulant rester fidèle à l'engagement que nous avons pris : montrer impartialement à nos lecteurs, par la production de toutes citations utiles, ce qui est vrai et ce qui fut faux ; ce qui est la caractéristique d'un droit ou le témoignage de vertigineuses convoitises.

De bonne foi on ne nie pas l'évidence, on ne nie pas la vérité, et nous n'avons pas d'autre souci que de la montrer ici, sans voile, resplendissante dans son harmonieuse nudité.

Les décisions judiciaires qu'on vient de lire ne sont pas les seules que les Tribunaux aient rendu. Une jurisprudence immuable s'est créée sur la question des vignes à complants et s'il fallait en reproduire ici l'intégrale et intéressante teneur nous serions obligé, en imposant un surcroît de fatigue à nos lecteurs, d'ajouter de nombreuses pages à ce modeste travail.

Nous nous bornerons donc à ne publier que celles de ces décisions qui se réclament d'un cas particulier, l'esprit de principe qui les régit toutes étant, comme nous venons de le dire, *immuable*.

Toutefois, avant de reproduire les données de cette jurisprudence, il est un point spécial, dans ses dispositions, que nous nous jugerions coupable de passer sous silence.

Les partisans de la thèse du rachat invoquent, à l'appui de celle-ci, plusieurs arguments de fait et de droit.

Aux premiers — *arguments de fait* — nous répondrons dans notre chapitre quatrième.

Aux seconds — *arguments de droit* — nous devons y répondre sans plus tarder, puisque le présent chapitre traite de cette matière.

Les arguments de droit des partisans du rachat se réclament :

1° *Des dispositions du décret du 2 Prairial, an II* (25 mai 1794) *qui décide que les baux à* « CULTURE PERPÉTUELLE » *sont soumis au rachat ;*

2° *De l'autorité, évidemment très grande, du savant jurisconsulte* MERLIN, *qui déclare que, dans la coutume de Bretagne comme dans celle de la Rochelle, les baux à longue durée ou à culture perpétuelle donnent ouverture au droit de rachat* (Merlin, v° Vigne, n° 2).

3° *De ce que dans le ressort des anciennes coutumes de la Rochelle, comme dans celui de la coutume du Poitou, ce droit est absolu, le bail à complant étant, de sa nature, translatif de propriété, lorsqu'il était perpétuel et incommutable, c'est-à-dire lorsque la jouissance du preneur était indéfinie quant à la durée.*

4° *De ce que ce principe a été consacré par des décisions de justice : Cour de Poitiers, 10 août 1806 ; Cour de Cassation, 18 octobre*

1808 (aff. Trinquelanc c. Lachambre), et de ce que, par suite, ce qui serait vrai pour le bail à complant dans les coutumes de la Rochelle et du Poitou, doit l'être également dans la ci-devant Bretagne ! (1)

Examinons d'abord ce qu'il faut entendre par ces mots : « *Contrat perpétuel* » et « *Perpétuité* ».

La perpétuité figure-t-elle nécessairement, ici, l'infini dans l'avenir ?

N'est-ce pas, au contraire, d'une perpétuité relative et correspondante à la condition périssable des choses humaines qu'il faut entendre celle où doit se ranger la transmission de la propriété ?

« Le droit de propriété, disent MM. Championnière et Rigaud (Traité des dr. d'Enreg., n° 3126), comporte essentiellement la *perpétuité*, d'où il suit que toute convention qui ne doit pas *durer perpétuellement* n'est pas la vente. »

« La perpétuité, disent-ils encore, n'a point *d'équivalent ;* elle N'EXISTE PAS DÈS QUE LA DURÉE reçoit *une limite, quelle qu'elle soit.* »

Cette opinion, très autorisée, a été confirmée par un arrêt de la Cour de Cassation du 24 nov. 1837. Dans cette circonstance, le savant magistrat, M. le Procureur général Dupin, faisait ressortir la distinction qu'on pouvait tirer de cette appellation « *à perpétuité* » et de celle d'un droit « *dit perpétuel* ».

Après avoir mis en lumière la grande pensée du législateur de 1790 « *qu'il était important de ne pas dénaturer* », l'éminent magistrat signalait : que, pour que la rente fut rachetable, il fallait que celle-ci fut le prix de la propriété cédée, *réelle ;* qu'elle affectât le fonds à perpétuité. Alors, elle était due par *le fonds* lui-même et non par la *personne.* Il en était autrement lorsqu'une simple jouissance avait été cédée, elle n'était ici que le prix de chaque jouissance annuelle.

Il en était ainsi pour le bail héréditaire ; ce contrat n'avait pour but que d'assurer au bailleur, une bonne succession de laboureurs, les fermiers se succèdant de père en fils.

« Le bail héréditaire, ajoutait-il, ne fait que fonder une dynastie de fermiers ; le fils prend la charrue après le père ;

(1) Remarquons ici que le colon Lachambre invoquait, à l'appui de son pourvoi, l'argument suivant : « Dans les coutumes invoquées, le bail à complant comporte l'aliénation de la propriété utile... *ce qui diffère, essentiellement de la tenure, à domaine congéable, usitée dans la ci-devant Bretagne* » ! !

mais le dernier n'est pas un fermier à un autre titre que son prédécesseur. Lorsque la race des fermiers vient à s'éteindre, aucun droit réel ne survit ; il s'éteint avec les héritiers. C'est un contrat qui porte la mort dans son sein. Ainsi il n'y a ni transmission de propriété, ni rente foncière perpétuelle ; il n'y a que des fermages temporaires, il ne peut donc y avoir de rachat. »

Cette théorie fut combattue par Merlin. « Le bailleur, dit-il, (Rep. V° vignes) n'aurait pas aliéné la propriété des terres baillées à complant, s'il avait été stipulé que la jouissance des preneurs cesserait ou, à une époque fixe — *quelque éloignée qu'elle fut* — ou à une époque incertaine, mais dépendante d'un événement qui dût infailliblement arriver, tel que la mort de chacun des preneurs, celle de leurs enfants nés ou à naître, ou même de leurs petits-enfants, mais *très certainement, il l'eût aliénée, s'il ne se fut réservé le droit de rentrer dans les biens* qu'en cas d'extinction de la postérité des preneurs, sans aucune limitation de degrés. Pourquoi ? Parce qu'il peut arriver que la postérité des preneurs ne s'éteigne jamais ; parce que si elle vient à s'éteindre en effet, il en résultera bien la résolution de la propriété des preneurs, mais cette résolution n'aura point d'effet rétroactif ; cela n'empêchera pas que dans l'intervalle, la propriété n'ait reposé sur la tête des preneurs. »

Comme on le voit, MM. Dupin et Merlin sont en opposition absolue sur le caractère de l'extinction de la race des fermiers ; suivant le premier, c'est un terme qui doit nécessairement se réaliser et donne une limite à la jouissance du fermier ; suivant le second, c'est un événement futur et incertain qui n'empêche pas le perpétuel.

De même que pour l'extinction de la race des preneurs, *Merlin* a examiné la question à l'égard de *l'extinction des vignes,* circonstance où la « concession du fonds » devrait faire retour au bailleur.

« Il est bien vrai, dit-il, que si les vignes plantées dans les terres baillées à complant, n'étaient pas entretenues et renouvelées successivement par des provins ou des marcottes, il viendrait infailliblement, un jour où elles périraient. Mais ce serait la faute des preneurs.... C'est donc du fait, c'est donc de la volonté des preneurs, que dépend l'événement qui peut seul faire rentrer le bailleur dans les biens dont il est question. La clause de rentrée en possession dans le cas de cet événement, ne diffère en rien de la clause de rentrée en possession dans le cas de défaut de culture pendant une ou plusieurs années, dans le cas de non-paiement de la redevance réservée par les baux ! Cette clause forme donc une condition véritablement résolutoire. Elle n'empeche donc pas que la propriété du bailleur ne soit sortie de ses mains pour passer dans celles des preneurs. »

Ainsi donc, d'après ce jurisconsulte, la validité de la clause qui attache la cessation du contrat à la destruction de la vigne, et, dans ce cas, à la reprise par le bailleur, de sa terre, est contestée !

A quoi serviraient donc la lettre et l'esprit des conventions, librement arrêtées, qui constituent la loi des parties contractantes, si cette opinion du savant juriste était souveraine et avait fait des partisans parmi les jurisconsultes et les Tribunaux ? !

Mais, hâtons-nous de le dire, cette opinion est ISOLÉE *dans le monument judiciaire, comme dans celui des Juristes.*

Le principe dominant du droit et intégralement consacré est ; *Que la nature des contrats et la portée de leurs conventions, se déterminent, non par la* DÉNOMINATION *qu'il a plu au rédacteur de leur donner, mais bien* PAR L'ESPRIT OU LA SUBSTANCE DES CLAUSES QU'ILS RENFERMENT.

Et c'est par application de ce principe qu'il a toujours et invariablement été décidé et enseigné, non seulement par les Tribunaux, le Conseil d'Etat et la Cour suprême ; non seulement par tous les légistes – sauf Merlin — mais encore et souverainement par les législateurs révolutionnaires, eux-mêmes, de 1789, 1790, 1793 et 1794 : *que quelle que soit la dénomination introduite dans les baux par les diverses coutumes ; les actes doivent recevoir leur exécution, selon leurs substances et l'usage des départements où ils sont appliqués. — Que ces principes concernent encore les redevances dues à l'Etat comme celles qui appartiennent à des particuliers.* (V. Instructions de l'Assemblée constituante des 15-19 juin 1791 — Instr. Génér. de la Régie du 5 Pluv. an 11 — Avis du Conseil d'Etat du 21 Vent. an 11 — (1) — et toute la

(1) L'avis du Conseil d'Etat du 21 Vent. an 11, approuvé le 23 Messidor, a eu pour objet de décider si les dispositions de son précédent avis du 4 Therm. an 8, touchant les baux à complants de la Loire-Inférieure, devaient être déclarées communes aux départements de la Vendée et de Maine-et-Loire. La décision de cet avis fut : « Qu'il n'y avait pas lieu de prendre d'arrêté pour rendre commun à ces départements, ni à tout autre, l'arrêté du 4 Therm. en forme d'avis du Conseil d'Etat ; qu'il suffisait que les principes eussent été établis dans celui-ci, pour recevoir leur application *partout* où les clauses des actes *caractérisaient la réserve de la propriété au bailleur.* »

jurisprudence postérieure dont on verra plus loin les principaux éléments.)

Par suite, il a été formellement décidé et toujours admis : « Que ni la loi du 29 décembre 1790, qui autorise le rachat des rentes foncières, ni celles du 17 juillet 1793 et 2 Prairial, an 2, dont on connaît les dispositions, ne sont point applicables aux baux à complant ou aux baux, à portion de fruits, dont les *clauses caractérisent la réserve de la propriété au bailleur ; qu'ainsi, les preneurs ne pourraient* LÉGALEMENT ÊTRE ADMIS *au rachat de la redevance, ni prétendre en retrancher une portion, en s'étayant* MAL A PROPOS, SUR L'UNE OU L'AUTRE DE CES LOIS. (V. mêmes Instructions.)

Examinons à présent la jurisprudence invoquée par les partisans du rachat. Elle se résume à un arrêt de la Cour de Poitiers du 18 août 1806, confirmé par la Cour de Cassation le 10 octobre 1808 (Aff. Trinquelane).

De ces deux arrêts il ressort la reconnaissance que dans les anciennes coutumes de la Rochelle et du Poitou, le bail à complant était, de sa nature, translatif de propriété, lorsqu'il était perpétuel et incommutable, c'est-à-dire lorsque la jouissance accordée au preneur était indéfinie, quant à la durée et qu'elle n'était pas révocable par la seule volonté du bailleur.

Ceux qui invoquent le bénéfice de ces dispositions, au profit des baux à complant de la Loire-Inférieure, visent ou arguent bien plus du réquisitoire que prononça *Merlin*, à cette occasion, devant la Cour de Cassation, que des considérants mêmes du dit arrêt !

En effet, Merlin (ainsi que le rapporte Dalloz dans son Recueil de Jurisprudence), généralisant ce que la Cour de Poitiers n'avait décidé que relativement aux localités régies par la coutume de la Rochelle, soutenait : que la qualité de *propriétaire* et celle de *fermier perpétuel* et irrévocable, se confondaient et s'identifiaient de telle sorte que, lorsqu'il s'agissait de savoir si un bail à complant avait pour effet de transférer au preneur la propriété du terrain en faisant l'objet, il fallait, en fait, examiner, d'après l'ensemble des clauses, si le contrat rendait le preneur, fermier perpétuel et irrévocable.... Qu'enfin, le droit du preneur ne cessait pas d'être perpétuel et incommutable par cela seul que le bailleur se réservait de rentrer dans son fonds, soit en cas d'extinction de la postérité du preneur, sans limitation de degrés, soit par défaut de culture, soit enfin à l'époque où les vignes seraient trop vieilles pour rapporter des fruits, — attendu qu'il dépendrait des preneurs d'empêcher que cela arrivât jamais en entretenant la vigne et en remplaçant les ceps défectueux.

Cette théorie, nous l'avons déjà dit, n'a été partagée par aucun jurisconsulte, ni consacrée par aucun Tribunal et voici les raisons qu'en donne M. Dalloz, dans son recueil de Jurisprudence, après avoir rappelé les instructions, avis du Conseil d'Etat et autres documents, plus haut cités.

« C'est bien à tort que Merlin a généralisé une proposition » qui pourrait être vraie dans les termes ou la Cour de Poitiers » l'avait émise, c'est à dire en la restreignant au ressort de la » coutume de la Rochelle, mais qui ne l'était plus dès qu'on » l'étendait au Département de la Loire-Inférieure.

« Ce savant Jurisconsulte, du reste, *ne s'est pas aperçu de la* » *contrariété* qui existe entre son sentiment et l'avis du Conseil » d'Etat du 4 Therm. An 8 ; il paraît penser que si le Conseil » d'Etat a déclaré les baux à complant de la Loire-Inférieure » non translatifs de propriété, c'est que les droits du preneur » n'y sont ni perpétuels, ni incommutables. *Mais c'est une erreur*, » le rapport de M. Boulay-Paty *fait au Conseil des Cinq-Cents*, au » nom d'une Commission spéciale, chargée d'examiner la » question, après avoir rappelé : que dans le département de » la Loire-Inférieure, les baux sont faits à perpétuité ; — qu'ils » ne sont pas révocables au gré du propriétaire ; — que les » seules causes de résolution admises par l'usage ou par la » lettre des contrats sont le défaut de culture convenable, » l'état des vignes devenues improductives et d'autres faits de » la même nature, indépendants de la volonté du bailleur ; — » que quelquefois la durée de la concession est limitée (excep- » tion qui confirme la règle) etc..., émet les considérations » suivantes :

« Plus on analyse ces baux de vignes, plus on en combine les » termes et les dispositions, plus on est convaincu : 1° *Qu'ils ne* » *s'étendent pas au-delà du droit de planter et de cultiver ;* 2° *Que* » *là, se borne tellement la concession, que le preneur ne peut pas* » *disposer d'un seul pied d'arbre ;* 3° *Que s'il laisse périr la vigne,* » *son titre s'éteint de plein droit et par la seule force des choses ;* 4° » *Qu'il a si peu le droit d'user et d'abuser qui caractérise la pro-* » *priété et que son titre est si précaire qu'il ne peut pas même*

» *vendanger sans que le propriétaire ait fixé le jour où la vendange* » *doit commencer et ait permis d'ouvrir la vigne.* »

« Nous ne pouvons donc, ajoute M. Dalloz, que donner » notre entière approbation à un arrêt qui a décidé : « Qu'aucune loi ne donnant la qualité de DROIT RÉEL à la prestation » d'un droit de complant, le jugement qui décide que ce droit » n'est pas un droit réel, et par suite, qu'il ne peut faire l'objet » d'une action en complainte possessoire, ne viole aucune loi » et ne saurait être cassé (C. Cass. 16 Janv. 1826, Aff. Beauchêne, v. Act. poss. n° 338). »

De son côté, M. *Duvergier* (Du Louage n° 190) combat ainsi l'opinion, trop absolue de Merlin.

« Dans le contrat de bail, le bailleur n'est pas dépouillé de » sa jouissance ; il ne fait qu'en changer le mode ; rien ne » s'oppose à ce que ce mode soit *perpétuel*, car ce que le » bailleur a stipulé pour un an, il le peut faire pour deux, pour » un plus grand nombre, sans qu'aucune raison tenant à la » nature de la convention, le vienne limiter. — On a donc pu, » valablement, sous l'ancien droit, stipuler des baux perpétuels, » aucune disposition législative ne mettant obstacle à cette » stipulation, ou n'en changeant le caractère ; rien, dans ses » conditions naturelles ne s'y opposait. En conséquence, les » baux à loyers *perpétuels* ne transmettaient pas la propriété » pas plus que les baux à longues années, pas plus que les » baux à courts termes.

« Dès lors, ajoute-t-il, pourquoi le preneur pourrait-il » exercer le rachat lorsque la condition nécessaire de cette » faculté était la propriété ? MERLIN, lui-même, a fréquemment » répété que les lois de 1790 et de 1793, n'avaient pas entendu » transmettre la propriété à celui qui ne l'avait pas ; qu'elles » n'avaient voulu que l'affranchir aux mains de celui qui, par » des contrats antérieurs, la possédait réellement. Nulle part, » on ne trouve d'exception en faveur du fermier perpétuel.

» Dans la discussion célèbre sur le bail à locatairie perpétuelle, ce n'est pas sur la perpétuité incontestée du bail que » le législateur s'est fondé pour autoriser le rachat, mais bien » sur le caractère translatif du *domaine utile*, reconnu à ce » contrat, et attaché à d'autres circonstances que la perpétuité. » S'il eût été reconnu que le bail à locatairie n'était pas translatif de la propriété, le rachat n'eût pas été autorisé ; il faut » en dire autant du bail à métairie perpétuelle. Le bail était

BIBLIOTHÈQUE NATIONALE RF IMPRIMÉS

» incontestablement perpétuel, et cependant ce n'est pas sur
» cette condition que la loi du 2 Prair. An 2, s'est appuyée
» pour ordonner le rachat. On ne voit donc pas le fondement
» de l'assertion de Merlin que la qualité de propriétaire et celle
» de fermier perpétuel, s'identifient dans l'application de la loi
» du 17 Juillet 1793. Cette proposition ne serait vraie qu'au-
» tant qu'il serait reconnu que tout bail perpétuel est trans-
» latif de la propriété ; or, cela n'est pas et rien dans les lois
» ne le suppose. »

Nous pourrions allonger démesurément encore, la reproduction d'opinions analogues et des plus autorisés Juristes ; nos lecteurs doivent être convaincus que ce serait désormais, d'un inutile excès.

Nous nous bornerons donc, pour en terminer avec cette question, de rappeler :

1° Que les baux à complant, quoique faits pour une durée *illimitée*, parce que l'époque de l'expiration dépend d'un événement incertain, peuvent ne transférer *qu'une jouissance à ferme ordinaire*, sans aucun droit de propriété (V. Conf. Rolland de Villargues, V° bail à complant, n° 10.)

2° Que par sa loi du 9 Brumaire, An 6, le législateur a disposé que la loi de rachat qui s'appliquait aux redevances, nées du contrat féodal, parce qu'il *contenait aliénation*, ne convenait pas à tout autre contrat où le preneur ne pouvait être considéré que comme *fermier des fonds*.

Voyons à présent, comment les Tribunaux ont interprété et appliqué les dispositions des lois que nous connaissons :

Tribunal Civil de Nantes

MM. COLOMBEL, président ; (LAENNEC et COLOMBEL avocats)

Du 16 Mars 1842

Lorsque les parties stipulent par un contrat nouveau, qu'au lieu de continuer la culture de la vigne, le colon cultivera des céréales, à la condition de payer au bailleur une redevance annuelle, leurs droits continueront à être régis par les principes du bail à complant.

Ainsi décidé par le jugement suivant :

« Le Tribunal ouï, considérant ainsi qu'il l'a jugé déjà dans » une autre affaire, et qu'il appert des circonstances de la » cause, que le terrain dont il s'agit est situé dans l'ancien » clos de vigne de la Sauzinière, baillé à complant par l'auteur » des demandeurs, à divers.

» Que le bailleur et le preneur à complant convinrent que ce » dernier au lieu de continuer la culture des vignes qui ne » rapportaient presque aucun produit, cultiverait des céréales » ou des légumes à la condition de payer au propriétaire la » redevance annuelle en argent pour tenir lieu à ce dernier de » la portion des fruits qu'il lui devait.

» Que ce changement de culture, opéré dans l'intérêt et du » consentement des parties, n'a point changé au fond le carac- » tère originaire de la convention ; que ce changement n'est » contraire ni à la loi, ni aux mœurs et qu'il doit par consé- » quent être exécuté de bonne foi. Considérant qu'il résulte de » ce qui précède que les défendeurs ne peuvent se prétendre » propriétaires du canton de terre dont il s'agit.

» Qu'en cet état de choses, il n'est pas possible d'argu- » menter de la prescription. Considérant que, d'un autre côté, » c'est à tort que les demandeurs prétendent notamment dans » leurs conclusions du 4 Janvier 1842, assimiler les défendeurs » à de simples fermiers qui leur devraient des fermages puis- » qu'il est reconnu que l'auteur même des demandeurs avouait » que la prestation annuelle de vingt-et-un francs se rattachait » à une convention de bail à complant, modifié ainsi qu'il est » dit ci-dessus.

» Déboute les défendeurs de la dite prétention d'être consi- » dérés comme propriétaires du terrain dont il s'agit.

» Déboute également les demandeurs de la prétention de » considérer les défendeurs comme simples fermiers ».

Tribunal Civil de Nantes

MM. CHÉGUILLAUME, président ; — FAVREAU et RENEAUME avoués

Du 8 Mars 1849

(Aff. Allard contre de Bruc)

Le bailleur est toujours juge de l'époque où doit se faire la vendange. S'il y a dans le même clos du muscadet et du gros-plant, la vendange peut être faite séparément au gré du bailleur.

Ainsi décidé par le jugement suivant :

« Le Tribunal ouï etc....

» Attendu qu'il est raisonnable et conforme à la nature des » choses que les fruits soient récoltés à l'époque de leur » maturité ;

» Que le raisin muscadet et le raisin gros-plant mûrissent » non pas en même temps mais à un intervalle de dix ou » quinze jours.

» Que quand il serait vrai que Allard aurait été souffert plus » ou moins longtemps, à vendanger en même temps le musca- » det et le gros-plant ; ce serait de la part du propriétaire un » acte de pure tolérance, qui ne mettrait pas un obstacle à » l'exercice du droit qu'il a d'exiger que le raisin muscadet » et le raisin gros-plant ne soient cueillis que lorsque l'un et » l'autre sont à maturité ;

» Que le mode de planter n'est pas agité au procès ;

» Que Allard ne conteste plus le droit de de Bruc comme » bailleur à complant.

» Par ces motifs :

» Juge que de Bruc a le droit d'exiger d'Allard qu'il ven- » dange séparément le muscadet et le gros-plant ».

Justice de Paix de Sainte-Hermine

M. ANGEBAUD, juge

Du 9 mars 1866

*Les Juges de Paix connaissent sans appel, jusqu'à la valeur de 100 francs (*IL S'AGIT ICI DE L'ANCIENNE LOI DE COMPÉTENCE DU 25 MAI 1838*) et à charge d'appel à quelque taux que la demande puisse s'élever, des demandes en résiliation de baux — à complant — fondées sur le défaut de paiement de la redevance due au propriétaire.*

Ainsi décidé par le jugement suivant :

« Nous, Louis-Henri Angebaud, Juge de Paix du canton de » Sainte-Hermine,

» Attendu que le demandeur est propriétaire d'un fief, dit le » fief Parent, situé commune de Saint-Martin-Lars, comme » faisant partie du lot que Mme des Nouhes, sa mère, lui a attribué » par contrat de mariage, en date du 9 février 1863, reçu par » Martineau, notaire à Nantes ;

» Attendu que ce clos de vigne est tenu depuis un temps » immémorial à complant à devoir du cinquième des fruits » par divers colons, au nombre desquels se trouvent les » défendeurs que tous reconnaissent, ainsi qu'il l'ont déclaré à » notre audience du 8 décembre 1865, avoir, eux ou leurs » auteurs, de temps immémorial et notamment depuis plus de » trente ans, acquitté régulièrement chaque année jusqu'en » 1863, entre les mains du demandeur ou de ses auteurs, le » cinquième des fruits du fief Parent ; qu'ils reconnaissent » également que c'est le demandeur ou ses auteurs qui depuis » plus de trente ans en acquittent les impôts, qui fixent l'ouver- » ture du ban de vendange ; que ces reconnaissances sont aussi » faites par Pubert, l'un des défendeurs en opposition d'un » arrêt de la cour de Poitiers ;

» Attendu qu'un signe caractéristique du bail pur et simple » est le paiement de l'impôt foncier par le bailleur ; que » cette circonstance est spécialement notée dans l'avis du » conseil d'Etat du mois de thermidor an VIII.

» Attendu que, suivant les usages locaux, le bail à complant » fait naître et entraîne de la part du preneur des obligations » qui doivent le faire considérer comme un bail ordinaire ;

» qu'ainsi, à défaut de culture de la part du preneur, le pro-
» priétaire rentre en possession de son terrain sans être tenu à
» aucune autre formalité qu'à faire constater l'état de choses.

» Attendu que suivant avis du Conseil d'Etat du mois de
» Thermidor an VIII, approuvé le 4 du même mois, il a été
» décidé que les preneurs à complants dans le département de
» la Loire-Inférieure sont des fermiers ordinaires, sauf la durée
» du bail, et que les bailleurs ont conservé la propriété des
» biens ainsi concédés ;

» Attendu qu'aux termes de l'article 8 de la loi du 25 mai 1838,
» les Juges de Paix connaissent sans appel, jusqu'à la valeur de
» 100 francs, et à charge d'appel à quelque somme que la
» valeur puisse s'élever des actions en paiement de loyers ou
» fermages, des congés, des demandes en résiliation de baux
» fondées sur défaut de paiement, etc...

» Par ces motifs : Nous, Juge de Paix, par jugement en
» dernier ressort, Disons que le bail à complant au cinquième
» des fruits du fief Parent dont les défendeurs jouissent à titre
» de bail sera résilié, etc... »

Tribunal Civil de Nantes

MM. LAENNEC, président ; GATINEAU et GUICHET, avoués

Du 2 Février 1871

Lorsqu'il manque des pieds de vigne, le colon peut et doit les remplacer, d'office ; mais s'il s'agit, au contraire, de renouveler la vigne en entier, le colon ne peut le faire sans le consentement du propriétaire.

Ainsi décidé par le jugement suivant.

« Le Tribunal, attendu que d'après la nature même du bail,
» à devoir de tiers et de quart conformément à l'usage attesté
» par les renseignements recueillis par l'expert, le colon ne
» peut avoir le droit de planter à nouveau une vigne devenue
» moins productive, soit par suite de la vieillesse des ceps, soit
» par l'épuisement du sol ; qu'autoriser une pareille plantation
» sans le gré du propriétaire, ce serait en effet admettre que le

» colon pourrait en quelque sorte substituer un nouveau bail à » complant à celui terminé par le dépérissement de ce qui en » faisait l'objet.

« Que la seule faculté appartenant au colon, consiste à subs- » tituer par provinage ou par repiquage de plants les quelques » sujets qui viennent à périr parmi les ceps de sa vigne, suffi- » samment garnie d'ailleurs et convenablement cultivée; en » d'autres termes qu'il peut procéder par voie de remplacement » comme étant un acte de bon vigneron, mais jamais par voie » de replantation intégrale sans avoir préalablement le consen- » tement du propriétaire ;

» Attendu en fait qu'il est constaté que dans le fief ou clos » des Sauzais-Rochette ou Grand-Clos, commune de Chateau- » Thébaud, Arnaud détient six parcelles de vigne, d'une con- » tenance totale de 24 ares 03 centiares, tenue à devoir de » quart, et dont la propriété appartient à Perthuy.

» Que l'une de ces parcelles désignée au plan sous le n° 2, » contenant 30 ares 10 centiares a été presque entièrement » dépouillée de ses ceps au mois de mars 1869 (des sept » dixièmes, dit l'expert), par Arnaud qui se proposait de la » replanter, lorsque le propriétaire qui n'avait point donné son » consentement à la replantation, se remit en possession de la » terre et la fit labourer pour y semer des pommes de terre.

» Qu'Arnaud reprit à son tour possession de ladite parcelle » et la replanta en jeunes plants ; mais que Perthuy fit arracher » ces plants et cultiver à son profit.

» Attendu qu'en détruisant volontairement ce qui faisait » l'objet de sa jouissance, comme colon partiaire, Arnaud a fait » résilier le contrat qui lui donnait droit à cette jouissance, et » qu'il n'a plus dépendu de lui seul de faire revivre, sans le » gré du propriétaire bailleur, une convention éteinte par la » perte de ce qui en faisait la base ;

» Attendu, en conséquence, que Perthuy a été fondé de se » mettre en possession de la parcelle de terre dont il s'agit sans » autre formalité et en usant de son droit de propriétaire, pour » en disposer à son gré.

» Par ces motifs,

» Dit et juge que le bail à complant de la parcelle de vigne » tenue à devoir de quart par Arnaud, dans le clos de la Sauzaie- » Rochette ou Grand-Clos, commune de Château-Thébaud, a » été résilié par l'effet de l'arrachement de la presque totalité des

» ceps opéré par Arnault sans le consentement du propriétaire ;
» Que Perthuy a eu le droit de rentrer ainsi, qu'il l'a fait, » dans la pleine possession et disposition de sa terre ».

Tribunal Civil de Nantes

MM. MIRANDE, Président - RENEAUME et ROCH, Avocats

Du 20 mars 1893

Le colon n'a pas le droit de planter et d'intercaler entre les rangs de vigne des choux-navets et autres légumineuses. Il peut cependant, mais seulement avec le CONSENTEMENT DU PROPRIÉTAIRE, *faire cette plantation, en* PETITE *quantité, c'est-à-dire pour les* BESOINS EXCLUSIFS DE SON MÉNAGE.

Ainsi décidé par le jugement suivant :

« Le Tribunal,

» Attendu que par exploit du 14 septembre 1892 la dame » Ve Gouin a donné assignation au sr Bonhomme pour s'en- » tendre condamner à supprimer et détruire les plantations de » betteraves, choux-navets et autres légumes, par lui faites dans » la parcelle de vigne qu'il tient à devoir du tiers dans le clos » de la basse Brosse, de la demanderesse, à peine de dommages » intérêts à fixer par jour de retard ;

» Qu'à raison de l'enlèvement des récoltes à leur maturité, » dans les délais de la procédure, la demanderesse conclut à ce » qu'il soit fait défense de réitérer ces plantations et à alloca- » tion de dommages intérêts pour violation du contrat et » préjudice causé ;

» Attendu que les parties sont d'accord sur la nature du » contrat qui les lie, lequel est un bail à complant ;

» Attendu que le bail à complant est un contrat par lequel » le propriétaire concède au fermier ou colon des terres » incultes ou cultivées à la charge de planter en vignes les » terres incultes, ou de continuer la culture des vignes plantées, » moyennant une redevance en nature qui est, selon les cas de » moitié, du tiers ou du quart de la récolte du raisin et quelques » prestations accessoires ;

» Que c'est donc un contrat spécial ayant un but et un objet » déterminés ; que la doctrine et la jurisprudence sont d'accord » pour dire que le fermier ne peut pas changer la destination » du fonds et qu'il s'expose à voir résilier son contrat s'il » substitue, sans l'assentiment du bailleur, une autre culture à » celle de la vigne ;

» Qu'il est en effet de l'essence de ce contrat dont la durée » est indéfinie, de prendre fin avec la vigne qui en est l'objet ;

» Que le colon a le droit et le devoir de l'entretenir en bon » père de famille ; qu'il doit par conséquent la fumer et lui » donner les façons nécessaires aux époques convenues ; qu'il » doit remplacer par provins les pieds morts et ne peut planter » aucun autre arbre quel qu'il soit, etc. ;

» Attendu que les reconnaissances des 25, 29 août 1768, » 20 octobre 1768 et 30 octobre 1770 versées aux débats par » la demanderesse et relatives aux clos des lanteries de la » Haute-Brosse, de la Basse-Brosse et autres sans pouvoir rece- » voir une application spéciale à la parcelle dont jouit » Bonhomme, démontrent que le clos de la Basse-Brosse dont » il détient à complant une parcelle était soumis à ces obliga- » tions qu'elles énumèrent en détail et qui sont de droit » commun ;

» Attendu que Bonhomme ne conteste d'ailleurs pas en être » tenu, mais soutient que la plantation qu'il a faite en 1892 des » plantes légumineuses dans la vigne est d'un usage constant, » l'année de la fumure est une sorte de compensation des » dépenses exceptionnelles que la nécessité de fumer tous les » sept ans impose au colon ;

» Qu'il produit à l'appui de sa prétention des attestations » nombreuses ;

» Attendu que si plusieurs propriétaires ont permis des » plantations de ce genre ou les ont tolérées en raison du peu » de rendement des vignes pendant ces dernières années, soit » pour d'autres motifs, cet usage n'est pas général, qu'il ne » remonte pas à l'origine des baux à complants et que la tolé- » rance des propriétaires n'a pas pu changer la nature du » contrat ; que la condition essentielle de ce contrat *sui generis* » est l'affectation du sol à la culture de la vigne ;

» Que tout ce qui tend à réduire cette culture ou à la rendre » moins productive constitue donc une violation du contrat ;

» Qu'il est certain, en pratique agricole, qu'une culture

» intercalée réduit la puissance fertilisante du sol et le produit » de la vigne et que les agronomes les plus autorisés affirment » même qu'elles diminuent la production du raisin dans une » proportion bien supérieure au rendement de la récolte » intercalée ;

» Attendu qu'il ne saurait être question d'une pareille com- » pensation à opérer avec les frais de fumure ; que ces frais » rentrent dans l'obligation prise par le colon de cultiver et » entretenir la vigne en bon père de famille, obligation en » échange de laquelle il perçoit la moitié, les deux tiers ou les » trois quarts de la récolte, selon les conditions de son contrat ;

» Que la demande est donc fondée en droit ;

» Attendu qu'en fait il serait peut-être rigoureux d'interdire » au colon la faculté de planter dans le clos baillé à complant » quelques plantes fourragères et légumineuses pour les besoins » de son ménage, par exemple, mais qu'il ne peut le faire » qu'avec l'autorisation expresse du propriétaire ;

» Attendu qu'il n'est pas justifié d'un préjudice appréciable » et que la tolérance habituelle des propriétaires ne permet pas » de considérer le fait du s[r] Bonhomme comme une violation » voulue et formelle du droit de propriété ;

» Par ces motifs, dit et juge faites à tort et sans droit les » plantations de choux navets et autres intercalés en 1892 dans » la vigne jouie par Bonhomme à titre de complant dans la » Basse-Brosse ; lui fait défense de réitérer ; le condamne aux » dépens pour tous dommages intérêts. »

Tribunal Civil de Nantes

MM. MIRANDE, Président ; GRIGNON-DUMOULIN et GARDE, Juges ; DELAMBRE, Substitut ; VILQUIN, Greffier ; MILLERAND et THIBAUD-NICOLLIÈRE, Avocats.

Du 4 Décembre 1893

Doit être résilié le bail à complant, lorsque la vigne ayant été détruite par le phylloxéra, le colon arrache les souches devenues improductives et procède à leur rempla ement sans le consentement du propriétaire. Toutefois la replantation étant commencée le colon doit être remboursé de la valeur du nouveau plant et recevoir une indemnité proportionnelle à la plus-value que le nouvel œuvre a donné à la parcelle ruinée par le phylloxéra.

Ainsi décidé par le jugement suivant :

« Le Tribunal,

» Attendu que le sieur de la Cantrie demande la résiliation du bail à complant en vertu duquel le sieur Bonneau exploite la parcelle de vigne n° 187 du plan parcellaire de la propriété du Breil, d'une contenance de 3 ares 96 centiares ;

» Que les parties s'accordent à reconnaître que la vigne ayant été détruite par le phylloxera, Bonneau en arracha, en février 1889, les souches devenues absolument improductives, et, après une récolte de pommes de terre faite en 1890, procéda à la replantation en janvier 1892 ;

» Que la moitié de la parcelle était déjà replantée, lorsque le sieur de la Cantrie fit défense de continuer l'opération ;

» Qu'il a été dit, en plaidant, que Bonneau avait agi avec l'autorisation du demandeur, mais qu'aucune offre de preuve n'a été faite, ni aucunes conclusions prises sur ce point ;

» Attendu que les faits étant constants, il reste à en rechercher les conséquences juridiques ;

» Attendu que les parties ne produisent pas le titre initial ;

» Qu'il y a donc lieu de faire à la cause l'application des principes généraux de la matière ;

» Attendu que le bail à complant est un contrat d'une nature particulière, spécial au Comté nantais, en vertu duquel le bailleur cède au colon une superficie de terrain ou de vigne, à la charge de le planter en vigne, ou d'en continuer la culture s'il est déjà planté, à certaines conditions d'exploitation et avec attribution au colon de la moitié, des deux tiers, ou des trois quarts de la récolte en raisin, d'où la vigne est dite à devoir de la moitié, du tiers ou du quart qui forment la part du bailleur dans la récolte ;

» Attendu qu'un avis du Conseil d'Etat du 2 thermidor an VIII, dûment approuvé par le Gouvernement, a législativement fixé la nature de ce contrat, en constatant, d'après les titres et usages anciens, que le bail à complant ne transfère au preneur aucun droit sur la propriété des biens concédés, et en déclarant la redevance non rachetable, ce qui le différencie essentiellement du complant translatif de propriété et rachetable des départements voisins ;

» Qu'à raison de ce, entre autres faits caractéristiques du droit, on peut rappeler que le bailleur a toujours acquitté seul l'impôt foncier, comme il acquittait jadis les droits seigneuriaux ;

» Qu'il entretient seul les chemins d'exploitation, qu'il a seul le droit d'hypothéquer, qu'il jouit seul des arbres et des haies complantés sur le terrain autres que les ceps de vigne, unique objet de la jouissance du colon ; et que le droit du colon a toujours été considéré comme mobilier ;

» Qu'on ne saurait donc soutenir que le colon ait un droit quelconque de propriété sur le sol, et qu'il n'y a aucune distinction à faire ici entre le domaine éminent et le domaine utile ;

» Attendu que la durée de ce bail n'est pas déterminée et que la doctrine et la jurisprudence sont d'accord pour décider qu'il est censé fait pour tout le temps que dure la vigne (Poulain-Duparc, et autorités citées dans Sibille, usages locaux ; nombreux jugements du Tribunal civil de Nantes, *præsertim* 16 juillet 1846, 2 mars 1892 et 20 mars 1893) ;

» Que c'est là, dit l'auteur des usages locaux (page 302), un principe incontesté » ;

» Qu'ainsi le droit du colon prend fin avec la vigne qui en est l'objet, par application de l'article 1741 du Code civil, à raison de la perte de la chose baillée, soit que la vigne ait péri en entier, soit que, par vétusté, elle ne soit plus susceptible de produire, soit qu'elle ait été arrachée par le colon pour y substituer une autre culture, et lors même que le colon aurait remplacé le vieux plant par un nouveau, comme le dit un jugement du Tribunal civil de Nantes, du 19 décembre 1853 (Sibille, page 306) ;

» Attendu qu'on invoque à tort contre ces principes, un jugement du Tribunal de céans du 18 décembre 1817, comme ayant décidé que dans le cas de destruction d'une vigne à la suite d'une guerre civile, il n'y avait pas eu résiliation du contrat, ce qui permettrait de soutenir que le contrat n'est pas résolu, au cas de destruction par cas fortuit ;

» Qu'en se reportant à cette décision, on voit qu'il s'agissait d'une demande en paiement de fermages et en dommages-intérêts, et non d'une demande en résiliation de bail, et que le

Tribunal n'a alors, ni examiné, ni résolu, la question de résiliation qui n'était pas posée ;

» Attendu que les considérations d'équité tirées de l'intérêt qu'inspirent à juste titre les colons, de leur longue jouissance et de la précarité d'un droit qu'un cas fortuit peut détruire, sans qu'il y ait faute de leur part, ne sauraient prévaloir contre les principes du droit, en matière de louage ;

» Que les conventions font la loi des parties, et qu'en contractant un bail à complant, les colons l'ont accepté avec ses conséquences et ses éventualités ;

» Attendu d'ailleurs que la résiliation du contrat par la perte de la chose baillée ne blesse peut-être pas l'équité, autant qu'il semble au premier abord ;

» Que la répartition du produit dans la proportion de moitié, des deux tiers et même des trois quarts, au profit du colon, tandis que le propriétaire qui a la charge de l'impôt ne reçoit que la moitié, le tiers, même le quart, peut être considéré comme étant à la fois la rémunération du travail et l'équivalent du risque couru ;

» Qu'enfin il dépendra presque toujours du colon, par les bons soins qu'il donnera à la vigne, d'éviter la destruction totale, et par conséquent, la résiliation du bail ;

» Et attendu que nul ne peut s'enrichir aux dépens d'autrui ;

» Qu'en fait, une partie de la parcelle a été replantée en vigne par le sieur Bonneau ;

» Que c'est donc le cas, conformément à l'usage signalé par le commentateur précité (V. Sibille, page 306), d'obliger le propriétaire à rembourser au colon la valeur du nouveau plant ;

» Attendu qu'il n'est pas dû de dommages-intérêts pour privation de récoltes depuis la destruction de la vigne par le phylloxera, ce qui constitue un cas fortuit, comme l'a décidé la Cour d'Aix, le 17 mai 1875, et qu'il y a lieu d'appliquer la doctrine du jugement précité du 18 décembre 1817 ;

» Attendu que la récolte de pommes de terre faite par Bonneau ne lui a procuré qu'un bénéfice insignifiant, et que, vu le silence gardé par le propriétaire jusqu'en 1892, il n'y a pas lieu d'en faire état au procès ;

» Par ces motifs :

» Jugeant en matière ordinaire et en premier ressort ;

» Ouï les avoués et avocats des parties dans leurs conclusions et plaidoiries, M. Delambre, substitut du Procureur de la République, dans ses conclusions ;

» Vidant le délibéré prononcé à une précédente audience ;

» Déclare résilié le bail à complant en vertu duquel le sieur Bonneau exploitait la parcelle de vigne d'une contenance de 3 ares 96 centiares, n° 187 du plan parcellaire de la propriété du Breil, appartenant au demandeur ;

» Dit et juge en conséquence que le sieur de la Cantrie rentrera dans la libre possession et jouissance de sa propriété, à partir de ce jour ;

» Dit n'y avoir lieu à restitution de fruits ni à dommages-intérêts ;

» Déboute le demandeur de ses conclusions tendant à l'enlèvement des plantations indûment faites par Bonneau ;

» Dit et juge au contraire que le sieur de la Cantrie est tenu de rembourser au sieur Bonneau la valeur du nouveau plant et de la plus-value que le nouvel œuvre a donné à la parcelle ruinée par le phylloxera ;

» Dit que, faute par les parties, de régler à l'amiable ou par experts, convenus dans les deux mois, l'indemnité due, il sera, aux diligences de l'une ou de l'autre des parties, procédé à son évaluation par le sieur Gruget, ancien notaire, expert commis à cet effet par le Tribunal, serment préalablement prêté aux mains du Président du siège qui est autorisé à le remplacer sur simple requête, en cas d'empêchement ;

» Donne mission à l'expert de concilier les parties ;

» Ordonne qu'à défaut de conciliation, il déposera au greffe le rapport de ses opérations, pour être par les parties conclu et par le Tribunal statué ce qu'il appartiendra ;

» Condamne le sieur Bonneau aux dépens. »

Si l'on se reporte aux préoccupations très grandes, aux inquiétudes si légitimes, qui étraignaient les vignerons à l'époque où ce dernier jugement fut rendu, on peut se rendre compte de l'importance que devait prendre, aux yeux de tous, la portée de son impartial dispositif.

A ce moment-là en effet, l'horizon était pour les colons, comme pour les propriétaires, sombre et chargé des pires menaces ! Les vignes, ces chères vignes, représentant des années de travail opiniâtre, d'efforts constants, de labeurs victorieux, s'étiolaient une à une sous le désespérant envahissement d'un inéluctable fléau ! La dévastatation s'étendait comme une lèpre hideuse rongeant, dévorant sa proie, renversant les espoirs consolants et réparateurs, apportant l'incertitude si troublante des lendemains ! Où la joie, et la prospérité avaient resplendi, la tristesse et peut-être la misère allaient régner !

Certes, il n'est pas d'homme dont le cœur n'ait éprouvé plus amer saisissement à l'heure de ces calamités ; il n'est pas d'homme qui n'ait songé avec tristesse à ce qu'allaient devenir d'innnombrables familles de vignerons, ayant placé dans la culture de la vigne et leurs frustes économies et leur espérance !

Le mal accompli ! Les vignes mortes ! l'heure devenait tragique pour les colons ! Qu'allait-il advenir de leur contrat ? allait-il finir avec la vigne conformément à une législation, à une jurisprudence dont personne ne pouvait plus désormais méconnaître la lettre et l'esprit ? n'allait-il pas au contraire et selon l'équité pure, survivre à un cas de « *force majeure* », résultat d'un fléau étranger à la volonté des parties, fléau restant en marge de toute prévision possible, et en dehors des règles régissant le dit contrat ?

Telle était la question angoissante que chacun se posait ; telle était celle qui venait d'être implicitement soumise, par tous les colons, au jugement du Tribunal de Nantes, dans l'affaire Bonneau.

On vient de voir comment le Tribunal, respectueux de la loi et de ses devoirs — *si durs fussent-ils* — y avait répondu.

Les colons dont la cause était soutenue par l'un des maîtres les plus autorisés de la parole, de la science du droit et du barreau parisien, *Me Millerand*, s'inclinèrent ! Ce jugement *resté sans appel*, acquit l'autorité de la chose jugée en consacrant ce qui avait été jusqu'alors la loi des parties.

Cette loi, devenue par suite des évènements, la DURE LOI ! *personne ne songea à la méconnaître ;* personne à ce moment là, ne songea à en discuter l'esprit et la réalité ; il n'y avait qu'un remède : *l'abroger*, en la remplaçant par des dispositions nouvelles, plus en harmonie avec une cause aussi nouvelle, plus conforme avec l'équité. C'est ce qu'entreprirent nos colons.

D'importants syndicats s'étaient formés et s'élargirent encouragés et soutenus, dans de justes revendications, par des hommes de la très haute valeur *des Millerand*, *Briand* et autres, le succès devait couronner les efforts.

Des conférences furent organisées ; des réunions se renouvelèrent sur différents points : A Vallet, au Pallet, au Landreau, etc. ; un vaste mouvement se déploya sur le territoire de la Loire-Inférieure qui engloba, qui réunit tous les colons dans une même fièvre de solidarité, dans un même besoin de lutte, dans un même idéal de justice !

Une pétition, rédigée et adoptée à l'unanimité des membres des syndicats, ayant pour Présidents : MM. B. Huet, Pierre Pétard, Constant Baron et pour délégué : Ch. Brunellière, fut adressée, en 1894, au Parlement.

Voici quels en étaient les termes :

« Messieurs,

» Les soussignés, colons des vignes à complant du département de la Loire-Inférieure, ont l'honneur de soumettre à » votre examen la question suivante, à laquelle leur existence » et celle de leurs familles sont étroitement liées :

» La plupart des vignes du pays Nantais sont placées sous le » régime du complant, d'après lequel nous devons non seulement les bêcher, les façonner et graisser, mais encore les » entretenir en remettant du plant ou en provignant pour » remplacer les ceps manquants ; les trois quarts de la vendange nous appartiennent et nous devons livrer l'autre quart » à nos propriétaires, auxquels nous payons, en outre, une » redevance appelée chapon.

» L'origine des vignes à complant remonte à des temps très » reculés ; elles ont été presque toutes établies d'un commun » accord avec les seigneurs féodaux du temps dans des landes » stériles et sur des coteaux couverts de broussailles que nos » pères ont défrichés et débarrassés, au prix d'un travail opiniâtre, des ronces, des épines et des poirasses pour y planter » de la vigne.

» Aucune limite de temps n'a jamais été fixée à la jouissance » des colons, ainsi qu'il appert des nombreux contrats qui » existent encore.

» Ils étaient donc convaincus qu'*ils possédaient un droit spécial* » *de* PROPRIÉTÉ SUR LEURS VIGNES, et depuis des siècles ils les » ont vendues, échangées et transmises par voie de legs ou

» donations ; les notaires en ont passé les actes, lesquels ont » dûment été enregistrés.

» Jusqu'à ces derniers temps, les propriétaires n'avaient » soulevé aucune objection contre cette façon d'opérer ; ils » considéraient la valeur de leurs vignes à complant comme » égale à la moitié de celles de leurs vignes franches ; ils les » vendaient et les achetaient en conséquence ; les colons, de » leur côté, estimaient la valeur de leur propriété au même » taux. C'était si bien la règle admise par tous les intéressés, » que les indemnités accordées par les experts pour les par- » celles employées à la confection des chemins de fer, des » routes et chemins vicinaux, étaient attribuées moitié aux » propriétaires et moitié aux colons.

« Malheureusement, depuis 1875, seize années de mauvaises » récoltes successives jointes aux soins coûteux nécessités par » le mildew nous ont complètement ruinés ; puis le phylloxera » est survenu qui détruit les vignes.

« Un certain nombre de propriétaires, mus par des senti- » ments d'équité, ont accepté de *partager la terre par moitié*, » d'autres ont offert de replanter la vigne à frais communs, » mais le plus grand nombre, profitant d'un désastre dont nous » ne sommes pas cause et exploitant notre misère, prétendent » que nos droits cessent avec la destruction de la moitié des » ceps et nous ordonnent de débarrasser leurs terres.

« Ils ont intenté des procès à quelques-uns d'entre nous » devant les Juges de Paix du pays et le Tribunal Civil de » Nantes qui leur ont donné raison en s'appuyant sur les » dispositions de l'avis du Conseil d'Etat du 2 thermidor an VIII, » qui déclare que les complants de la Loire-Inférieure ne sont » que de simples baux de fermage, sauf quant à la durée. » Ainsi, malgré les usages constants et séculaires du pays sur » la foi desquels tous les contrats, échanges, ventes et achats » se sont faits, les vignes à complant ne sont plus translatives » de propriété pour les colons et au fur et à mesure que le » phylloxera viendra détruire nos vignes nous allons être » expropriés sans que l'on tienne compte du *fait indéniable que* » *la destruction de la vigne ne provient pas de notre fait.*

« Ainsi, nous allons perdre le fruit du travail opiniâtre de » tant de générations qui ont transformé des landes sans » valeur en terres labourables ; nous allons être dépouillés du » modeste héritage de nos pères, de ce que nous avons acquis

» à force d'économie et de labeur, réduits à la plus profonde » détresse, nous allons être chassés sans pitié des champs que » nos ancêtres et nous-mêmes avons arrosés de nos sueurs et » nous irons grossir avec nos femmes et nos enfants la foule » lamentable des pauvres des villes que la faim et la misère » poussent au désespoir, au suicide ou au crime.

« Qu'avons-nous fait pour mériter un traitement aussi » barbare ? Avons-nous refusé notre sang pour défendre le » pays, notre argent pour subvenir à ses besoins et trop sou- » vent à ses dépenses inutiles !

» Nous n'aurons pas la ressource d'affermer les métairies que » nos propriétaires pourront établir à la place des vignobles, » car nous n'aurons pas d'avances pour les exploiter ; ils » le savent si bien qu'ils parlent déjà de planter des taillis et » des bois.

» N'y a-t-il pas là un intérêt social qui mérite toute votre » considération ? En effet, si l'on arrache les vignes pour faire » des métairies, la moitié des bras deviendront inutiles ; si on » les remplace par des taillis ou des territoires de chasse, la » presque totalité des habitants d'un pays si peuplé jadis devra » s'expatrier.

» Nous espérons, Messieurs, que vous voudrez bien prendre » notre malheureuse situation en sérieuse considération et que » vous réglerez d'une façon équitable et humaine la législation » des vignes à complant.

» Pour cela, vous abrogerez cet avis du Conseil d'Etat du » 2 thermidor an VIII qui n'avait d'autre but qne le fait excep- » tionnel de permettre au Gouvernement d'alors de vendre les » terres confisquées sur les émigrés et sur les nobles qui avaient » pris part aux guerres de la Vendée.

» *Vous déclarerez que les colons ne pourront pas être dépouillés de » leurs droits quand la vigne sera détruite par une cause ne prove- » nant pas de leur fait.*

» Enfin, vous établirez que les vignes *à complant sont transla- » tives de propriété aussi bien pour les colons que pour les proprié- » taires, comme cela est consacré par des usages séculaires* qui ont » toujours servi de base à tous ces contrats intervenus soit » entre colons, soit entre propriétaires, soit entre colons et » propriétaires.

» Vous ramènerez ainsi la paix et l'espérance parmi une » population laborieuse et honnête et vous éloignerez d'elle la

» misère et ses conséquences. Vous accomplirez la mission qui » vous a été confiée par vos électeurs, qui est de sauvegarder » l'existence des utiles travailleurs de la terre et de maintenir » l'équité entre les citoyens.

» C'est au nom du principal attribut de la République, au » nom de la justice, que nous avons recours à vous.

» Nous chargeons les Syndicats des colons et agriculteurs de » la Loire-Inférieure, comprenant les communes du Pallet, » Maisdon, la Haie-Fouassière, Monnières, Saint-Fiacre, Vallet, » le Landreau, le Loroux, Châteauthébaud, la Remaudière, » Vertou et autres communes du pays Nantais, de nous repré- » senter près de vous.

» Veuillez agréer, Monsieur le Président et Messieurs les » Députés, l'expression de nos sentiments dévoués.

Il n'y avait plus qu'à attendre et à espérer !

Cependant, comme on a pu le constater, les termes de cette pétition présentaient, dans leur ensemble, des prétentions assez contradictoires et parfois agressives, et si l'on peut louer, sans réserves, les efforts qu'ils recélaient au profit de la sauvegarde des droits acquis, on ne peut se défendre de signaler ce qu'eût de regrettable l'exagération abusivement donnée à ces droits.

Eh quoi ! au mois de décembre 1893, les colons, après avoir appelé de leurs droits de co-propriétaire du terrain complanté à l'autorité judiciaire, s'inclinaient devant la décision de cette autorité contestant et rejetant ces prétentions et, en 1894, dans leur pétition, ils s'insurgeaient contre cette autorité en arguant à nouveau de ces mêmes prétendus droits dont l'inexistence et le mal fondé avaient été, une fois de plus, proclamés sans appel !

Eh quoi ! dans cette même pétition on pouvait y lire à la fois l'invocation d'un droit de rachat et la reconnaissance par les pétitionnaires de l'impossibilité de faire valoir ce même droit !

Singulière anomalie de l'illogisme de l'homme qui, même au plus profond des intérêts d'une cause sympathique et juste, n'a pas la sagesse de savoir la conserver intacte, dans la simplicité de son caractère vrai et de sa modeste grandeur ! Singulière et dangereuse inconséquence dont les excès sont bien faits pour compromettre et ternir ce qu'il y a de bon, de beau et de sacré dans la détresse, ce qu'il y a de juste dans la poursuite digne et pure du droit menacé !

En toute matière la légalité doit subsister, régner en souveraine ; et une cause — si belle soit-elle — a tout à perdre en s'aidant pour sa défense de la violence ou de l'excès !

C'est donc à tort, selon nous, que les colons rédigèrent, comme ils le firent, leur pétition ou que pour eux on rédigea, comme on le fit, cette pétition, car c'était inculquer dans leur âme simple et bonne les coupables et injustes visées à une laborieuse dépossession des propriétaires ; c'était paralyser ou aigrir dans l'avenir leurs rapports avec ces derniers et, en tous cas, leur préparer de possibles et amères désillusions !

CHAPITRE TROISIÈME

Troisième période commençant en 1895 et se continuant à l'heure actuelle.

Le législateur a-t-il répondu à la pétition des colons ? Qu'elle a été sa décision ? N'a-t-il pas demandé une enquête préalable ? Quels ont été les travaux et les avis de la Commission d'enquête ? A-t-il été fait une loi nouvelle ? Celle-ci a-t-elle modifié la législation existante des complants de vigne et a-t-elle abrogé les lois qui la constituaient ?

§ 1er

Parvenue à la Chambre des Députés, la pétition des Colons fut renvoyée, pour examen, à la huitième Commission des pétitions qui, estimant ne pouvoir se prononcer qu'après enquête préalable, l'adressa au Ministre de l'Agriculture dans le but de recueillir et de grouper tous renseignements utiles.

A la date du 29 mars 1895, la dépêche suivante fut adressée par le Ministre au Préfet de la Loire-Inférieure.

Paris, le 29 mars 1895.

MONSIEUR LE PRÉFET,

« La huitième Commission des pétitions de la Chambre des
» Députés a décidé le renvoi, pour examen, à mon Ministère,
» d'une pétition adressée par les colons des vignes à complant

» de votre département, à l'effet d'obtenir l'abrogation de l'avis » du Conseil d'Etat du 2 thermidor an VIII, décidant que les » complants de la Loire-Inférieure ne sont que de simples baux » de fermage, sauf quant à la durée, et la consécration par une » loi de l'usage immémorial en vertu duquel les vignes à » complant sont translatives de propriété, aussi bien pour les » colons que pour les propriétaires.

» En vous adressant inclus un exemplaire de cette pétition, » je vous prierai de vouloir bien faire procéder, par une Com- » mission spéciale, où les Syndicats, les colons et les agricul- » teurs de la Loire-fnférieure devront être représentés, à une » enquête sur les faits mentionnés par les signataires et sur les » moyens de concilier les intérêts généraux de l'agriculture » avec les intérêts personnels de chacune des parties en cause.

» Je vous serai obligé, Monsieur le Préfet, de me faire » connaître les résultats de cette enquête dans le plus bref délai » possible.

» Recevez, etc.

Le Ministre de l'Agriculture,

Signé : GADAUD.

***

En conformité de cette dépêche, M. le Préfet de la Loire-Inférieure prit, à la date du 24 avril 1895, l'arrêté suivant :

» Nous, Préfet de la Loire-Inférieure, Officier de la Légion-d'Honneur et de l'Instruction publique,

» Vu la lettre de M. le Ministre de l'Agriculture prescrivant la formation d'une Commission d'enquête chargée d'étudier le régime des vignes à complant ;

ARRÊTONS :

Art. 1er. — Une Commission d'enquête chargée d'étudier le régime des vignes à complant est instituée à Nantes.

Art. 2. — Les réunions de la Commission auront lieu à la Préfecture.

Art. 3. — Sont nommés membres titulaires :

MM. GAUTTÉ, conseiller général ;
DE LA GIRAUDAIS, conseiller général ;
BOQUIEN, conseiller général ;

MM. DORTEL, conseiller général ;
SÉCHÉ, propriétaire à la Chapelle-Basse-Mer ;
JAMES, régisseur de propriétés à Nantes ;
RICORDEAU, avocat à Nantes ;
LINYER, avocat à Nantes ;
DELALANDE, ancien avoué à Nantes ;
GUITTON, notaire à Nantes ;
THÉBAUT (Emile), avoué, propriétaire à Bouguenais ;
GABORIT-MAILLARD, propriétaire à Vallet ;
BARON, juge de paix à Vallet ;
DU BOISGUÉHENNEUC, propriétaire, maire du Landreau ;
PASQUEREAU, propriétaire au Landreau ;
CHAILLOU, propriétaire aux Cléons, commune de Haute-Goulaine ;
POUPART, propriétaire au Pallet ;
CAILLÉ, propriétaire, maire de Monnières ;
SÉCHER, géomètre-expert, à Saint-Fiacre ;
MÉNARD, propriétaire, maire de Châteauthébaud ;
ALBERT, propriétaire à la Haie-Fouassière ;
AUBRON, régisseur du domaine de Loizelinière, à Gorges ;
GUÉRIN, propriétaire à Mouzillon ;
HUET, maire de Maisdon, président du Syndicat du Pallet, Monnières et Maisdon ;
AUBIN (Auguste), adjoint au maire de Vallet ;
BARON (Constant), président du Syndicat de Vallet, Mouzillon, la Chapelle-Heulin et la Regrippière, demeurant au Burel, commune de la Chapelle-Heulin ;
BONNEAU-HÉRON (Jean), à la Rairie, commune de la Haie-Fouassière ;
BRUNELLIÈRE (Charles), quai des Constructions, à Nantes ;
RINNETEAU, propriétaire à Vallet ;
DURAND (Pierre), propriétaire à Vallet ;
GIRAUD-PABOU, président du Syndicat du Landreau ;
GUÉRIN (Louis), à la Pouiffetière, commune du Loroux-Bottereau ;
LEVÊQUE (Francis) à Monnières.

Art. 4. — Sont nommés à titre consultatif :

MM. ARNAULT, professeur départemental d'agriculture ;
FONTAINE, délégué départemental du Service phylloxérique.

Art. 5. - M. GAUTTÉ, conseiller général, est nommé président de la Commission.

Art. 6. - M. le Secrétaire général est chargé de l'exécution du présent arrêté.

Nantes, le 24 avril 1895.

Le Préfet,
Signé : G. CLEIFTIE.

Le 31 mai 1895, à une heure du soir, en l'Hôtel de la Préfecture se réunit, dans une première séance, sous la présidence de M. GAUTTÉ, la Commission d'enquête ainsi instituée ; Tous les membres la composant, ayant à cœur de faire œuvre utile, étaient présents.

Après avoir retracé l'origine et les caractères du conflit et fait un résumé fidèle de la question soumise, l'honorable président émit l'avis que pour apporter le plus de clarté possible dans l'examen des intérêts en jeu, le plus d'ordre désirable dans la discussion, il était nécessaire de diviser cet examen en six parties, correspondant aux six questions suivantes :

1° *Quelle est l'importance de la question ?*

Combien y a-t-il de vignes franches ?.

Combien de vignes à complant ?

2° *Convient-il d'abroger l'avis du* Conseil d'Etat du 2 Thermidor, an VIII ?

De déclarer que le bail à complant est translatif de propriété ?

3° *Cette abrogation et cette déclaration doivent-elles avoir un effet rétroactif* et s'appliquer aux baux existants ?

Ne doit-elle au contraire, si elle est admise, n'avoir d'effet que pour les baux futurs ?

4° *En admettant que le bail à complant est un bail,* serait-il utile de décider que, contrairement à l'article 1722 du Code civil, la destruction de la vigne, *par un fait indépendant* de la volonté du colon, n'entraînerait pas la résolution du bail ?

Cette décision devrait-elle avoir un effet rétroactif ?

5° *Quels sont les moyens pratiques susceptibles de concilier* l'intérêt des colons et celui des propriétaires ?

6° *Ces moyens doivent-ils* être conseillés aux parties ?

Convient-il de les leur imposer par une disposition législative ?

Le programme des travaux ainsi composé et admis, la commission se mit à l'œuvre et il faut bien reconnaître qu'elle s'y employa, au cours de ses séances, *les 31 mai, 6 et 10 juin et 5 octobre, et en dehors même de ces séances,* avec un zèle, un dévouement et une intelligence qui firent honneur à tous ses membres et dont on ne peut que les louer, sans réserve.

Dans l'intérêt des colons, *M. Brunellière*, apporta souvent dans la discussion, des considérations personnelles qui, si elles n'étaient pas toujours en harmonie parfaite avec le texte ou l'esprit de la législation, n'en relevaient pas moins d'un cœur profondément généreux, d'un humanitarisme admirable. Il tira en un mot de la cause si intéressante de ceux dont l'injuste sort semblait devoir anéantir les espérances, tout le bien tout l'effet qu'on peut en obtenir (1).

La discussion ayant été déclarée close dans la séance du *10 juin 1895, M. Augustin-Delalande*, avoué honoraire, juge suppléant au Tribunal Civil de Nantes, fut nommé rapporteur des travaux et délibérations de la Commission et dans une dernière séance du *5 octobre* suivant, ce rapport fut lu et adopté.

En voici le résumé et les conclusions (2).

. . . .

. . . .

AVIS DE LA COMMISSION

(Troisième partie – pages 92 et 93.)

« Les discussions auxquelles il a été procédé dans les
» séances de la Commission lui permettent d'émettre son avis
» sur les quatre points ci-après :

« 1° Sur l'importance de la question des vignes à complant ;

« 2° Sur les premier et troisième chefs de la pétition des
» colons, relatifs, l'un à l'avis du Conseil d'État du 2 thermidor

(1) (2) Voir l'intéressante brochure contenant le compte-rendu des séances et le rapport sur les travaux de la Commission par M. Augustin-Delalande. — L. Mellinet et Cie, imprimeurs de la Préfecture, place du Pilori, 5, à Nantes — Année 1895.

» an VIII, et l'autre à la question de savoir si le bail à com-
» plant est — ou non — translatif de propriété ;

« 3° Sur le deuxième chef de la pétition des colons, tendant
» à faire décider que le bail à complant ne prend pas fin quand
» la vigne meurt par cas fortuit ou force majeure ;

4° Sur les moyens pratiques de concilier les intérêts des
» parties en cause.

« Ce résumé fera naturellement ressortir l'avis de la majorité,
» mais nous rappellerons aussi celui de la minorité, de façon
» que le tableau soit complet.

§ I.

SUR L'IMPORTANCE DE LA QUESTION DES VIGNES
A COMPLANT

« La Commission a examiné l'importance de la question à
» ces divers points de vue :

« 1° Au point de vue de la superficie des vignes à complant ;

« 2° Au point de vue des communes et de la population
» qu'elles intéressent ;

« 3° Au point de vue de la valeur qu'elles représentent et
» du revenu qu'elles donnent.

« Elle a été aidée dans cet examen par une statistique que
» lui a communiquée l'Administration, et de laquelle il
» résulte :

« 1° Qu'il n'y a des vignes à complant que dans l'arrondisse-
» ment de Nantes seulement ;

« 2° Que sur les 71 communes qui composent cet arron-
» dissement, il n'y a des vignes à complant que dans 26 com-
» munes seulement, — situées dans les six cantons d'Aigre-
» feuille, Bouaye, Clisson, le Loroux, Vallet et Vertou.

» Si l'on extrait de cette statistique ce qui concerne les
» 26 communes dont il s'agit, on a le tableau ci-après :

(Voir ce tableau dans la brochure indiquée.)

1° EN CE QUI CONCERNE CES DIFFÉRENTS POINTS, LA COMMISSION A ÉTÉ D'AVIS : (1)

« 1° Que la question des vignes à complant est importante
» pour les colons (vignes à devoir), — parce que ceux-ci sont

(1) Voir pages 99 et 100 de la brochure.

» exposés à perdre totalement leurs complants, — qu'ils » doivent être considérés comme ayant tous une perte à subir, » — qu'une perte est toujours chose importante et qu'elle l'est » même d'autant plus qu'on possède moins.

« 2° Qu'elle est tout aussi importante pour les propriétaires » (vignes à recevoir) ; — qu'encore bien que ceux-ci ne soient » pas exposés à tout perdre et conservent leurs fonds, ils sont » néanmoins appelés à perdre chacun autant, — sinon plus, — » que tous les colons ensemble ; — que par ailleurs bon » nombre de vignes à recevoir sont aux mains de petits pro- » priétaires, cultivateurs ou anciens artisans, — ayant des » ressources limitées, et pour lesquels cette perte peut devenir » une ruine ;

« 3° Que l'importance de la question n'est pas la même » pour les différentes communes intéressées, et que la propor- » tion entre la superficie de la commune et le nombre d'hec- » tares plantés en vignes à complant peut servir à mesurer cette » importance.

« 4° Que presque toujours, les colons des vignes à complant » ont en même temps des vignes franches, des terres, des » prés, etc., — dont ils jouissent soit comme propriétaires, » soit comme fermiers, — et que les vignes à devoir ne sont, » par suite, entre leurs mains, qu'un élément de leur avoir et » de leurs ressources.

« 5° Que les chiffres indiqués au nom des colons sont cer- « tainement exagérés, — et que la perte à subir devant se » répartir entre tous les colons, qui sont nombreux, la perte » pour chacun est loin d'arriver à un chiffre approchant même » de ceux indiqués dans leur intérêt. »

2° EN CE QUI CONCERNE LES PREMIER ET TROISIÈME CHEFS DE LA PÉTITION DES COLONS, RELATIFS — L'UN A L'ABROGATION DE L'AVIS DU CONSEIL D'ÉTAT DU 2 THERMIDOR AN VIII, - L'AUTRE A LA QUESTION DE SAVOIR SI LE BAIL A COMPLANT EST, OU NON, TRANSLATIF DE PROPRIÉTÉ.

La Commission n'a pas pensé que les arguments et les demandes des colons puissent être accueillis, et ce, pour les motifs suivants : (2)

« Les vignes à complant existent dans l'ancien Comté nantais depuis le XVe siècle, et depuis cette époque jusqu'à nos

(2) Voir pages 101, 102, 103 et 104 de la brochure.

jours, on a toujours appelé « *bail* à complant », le contrat qui les concédait.

« Beaucoup de ces contrats se servent de l'expression : « Un tel *a baillé* à un tel », et s'il en est qui ne la contiennent pas, — dans tous on désigne le propriétaire sous le nom de *bailleur*, et le colon sous celui de *preneur* ; dans tous, l'ensemble des conditions stipulées sont caractéristiques du contrat de bail et exclusives de l'attribution au colon d'un droit quelconque de propriété. »

« Jamais le preneur à complant n'a rendu aveu au seigneur ;

« Jamais il n'a été imposé au rôle des contributions foncières, ni aux droits quelconques qui ont existé sur la propriété ;

« Jamais il n'a eu droit aux arbres et haies existant dans les clos ;

« Jamais il n'a eu droit de faire pacager ses bestiaux dans les vignes, ni dans les chaintres et fossés ;

« Jamais il n'a eu droit de toucher au fonds, de changer la culture, ni de replanter la vigne ;

« Jamais il n'a été soumis à l'obligation de fournir un titre nouvel ;

« Jamais il n'a été admis à opérer le franchissement de la part de fruits réservée par le propriétaire.

« Toujours, au contraire, il a eu l'obligation de façonner, ménager et jouir en bon père de famille, — de ne vendanger qu'au jour indiqué par le propriétaire, — de ne passer la vendange que par la route quartière, — et, ajoutent la généralité des titres :

« Sous peine de perte de leur vigne ; — faute de quoi le » propriétaire rentrera en jouissance sans formalité de justice.»

« Aussi doit-on constater, que les prises de vigne à devoir ont toujours été, — et à dessein, — dénommées **bail** *à complant*, que les vignes à complant, ni avant l'avis du Conseil d'Etat, ni depuis cet avis, n'ont jamais été considérées comme constituant pour le colon autre chose qu'un *bail*, sans durée exprimée c'est exact, illimitée par suite et ne devant avoir d'autre terme que l'existence de l'objet du contrat, c'est-à-dire de la vigne, — mais un simple bail. Les colons n'ont, en conséquence, acquis sur les fonds aucun droit de propriété ; le bail à complant ne leur en a transmis aucun ; il n'a jamais été translatif de propriété. »

« Ces principes ont toujours été la règle, même avant l'avis du Conseil d'Etat dont nous nous occupons.

« L'acte de notoriété du Tribunal civil de Nantes du 4 nivôse an VIII l'établit à suffire, — et bien qu'on n'hésite pas sans doute à dire, que, lui aussi, a été inspiré par les circonstances et par les besoins gouvernementaux, — l'étude approfondie de la question comme la saine raison, conduisent nécessairement à reconnaître *que les principes que l'on vient de poser sont les seuls vrais,* et que l'avis du Conseil d'Etat n'a fait absolument que les consacrer et les déterminer par un texte précis. »

« Remarquons, par ailleurs, que l'avis du Conseil d'Etat est devenu loi d'Etat, par l'effet de son approbation par le Gouvernement et de son insertion au *Bulletin des Lois ;* les anciens usages se sont trouvés fixés par un texte s'imposant à tout le monde ; il est devenu la loi de tous, et tous, depuis cette époque, c'est-à-dire depuis le commencement du siècle, ont contracté sous l'empire de ses dispositions. »

« Ceux qui ont acheté des vignes à recevoir (propriétaires), ont acheté et compté acheter la *propriété complète* du fonds.

« Ceux qui ont acheté des vignes à devoir (colons), n'ont acheté et compté acheter qu'un *droit de bail ;*

« Il n'est pas possible aujourd'hui de changer cette situation pour le passé ; ce serait toucher aux contrats intervenus, donner à la loi un effet rétroactif, prendre une mesure révolutionnaire ; il n'y aurait plus pour les citoyens, ni sécurité, ni sauvegarde.

« La majorité de la Commission pense que les colons diraient vainement, qu'en achetant leurs vignes à complant, ils ont cru acquérir un droit de propriété, qu'ils ignoraient l'avis du Conseil d'Etat. »

« En effet, s'ils peuvent, en fait, ignorer la loi – bien que tout Français soit réputé la connaître — il est une chose qu'ils n'ignorent certainement pas, et que tout le monde sait dans les communes que cette question intéresse : c'est que les vignes à devoir ne peuvent être l'objet de saisie immobilière, *qu'elles ne sont jamais saisies que mobilièrement et qu'elles ne sont pas vendues dans la même forme que les vignes à recevoir ;* c'est que la Régie de l'enregistrement ne soumet au droit de vente que les vignes à recevoir, et que si celles-ci supportent le droit d 6 fr. 88 c. %, décimes compris, les vignes à devoir ne sont assujetties, au contraire, qu'à un droit minime. La transmission des vignes à devoir ne constitue pas une vente d'immeubles, *mais seulement une cession de droit de bail.* »

« Il en est de même pour les indemnités d'expropriation qui ont pu être payées à certains colons lors de la construction de la ligne de fer de Nantes à la Roche-sur-Yon ; ce n'est pas, en ce qui les concerne, l'expropriation d'un immeuble qui a eu lieu, *mais l'expropriation d'un droit de bail,* — lequel a pu toutefois être estimé à un prix d'autant plus élevé que ce droit de bail devait avoir une plus longue existence. »

« Par les raisons ci-dessus, la Commission, à la majorité de 21 voix,

A émis l'avis :

1° *Qu'il ne convenait pas d'abroger l'avis du Conseil d'Etat du 2 thermidor an VIII ;*

2° *Qu'il ne convenait pas de déclarer que le bail à complant avait opéré, au profit du colon,* UNE TRANSMISSION DE PROPRIÉTÉ. »

3° EN CE QUI CONCERNE LE DEUXIÈME CHEF DE LA PÉTITION DES COLONS, TENDANT A FAIRE DÉCIDER QUE LE BAIL A COMPLANT NE PREND PAS FIN QUAND LA VIGNE MEURT PAR CAS FORTUIT OU FORCE MAJEURE.

Le Rapporteur s'exprime ainsi : (1)

« C'est encore sur le même argument que les colons s'appuient pour soutenir cette demande.

« Ils prétendent qu'ils ne sont pas *fermiers* des vignes à complant, mais *co-propriétaires,* — et cette proposition posée, ils en tirent cette conséquence alors fort juste : puisque le contrat qui nous lie au propriétaire n'est pas un bail, on ne peut lui appliquer les règles du bail, et par suite l'article 1722 du Code civil reste inapplicable à la matière.

« Mais si, — comme on l'a établi au paragraphe précédent, — les colons n'ont acquis sur les fonds aucun droit de propriété, — s'ils ne sont pas co-propriétaires comme ils le prétendent, — s'ils sont des *fermiers* et seulement des fermiers, — si leur bail prend fin avec l'existence de la vigne, — « s'ils peuvent » même être expulsés s'ils négligent de façonner les vignes en » temps et saison, de cultiver et engraisser le fonds qui leur a » été confié », comme le dit la délibération des Etats de Bretagne, — le contrat qui les lie au propriétaire n'est autre

(1) V. pages 108 et 109 de la brochure.

qu'un *bail*, soumis par suite aux règles du louage et spécialement à celle de l'article 1722 du Code civil. »

« Le Parlement pourrait, il est vrai, consacrer une exception et décider que l'article 1722 ne s'appliquera pas au bail à complant au cas de destruction de la vigne par force majeure ou cas fortuit indépendant de la volonté du colon ; mais, en vertu du principe de la non rétroactivité des lois, il ne pourrait certainement le faire que pour l'avenir. »

« L'action législative deviendrait par suite absolument sans intérêt, puisqu'elle manquerait le but à atteindre, la solution de la question actuelle.

Dans ces conditions, la Commission a été d'avis *qu'il n'y avait pas lieu de faire droit à cette seconde demande de la pétition des colons.*

4° En ce qui concerne les moyens pratiques de concilier les intérêts des parties en cause.

La Commission s'est prononcée dans les termes suivants, que nous croyons devoir reproduire intégralement (1).

« Les avis que la majorité de la Commission a formulés sous » les §§ 2 et 3 ci-dessus, lui ont été inspirés par l'application » aux vignes à complant tant des vieux usages que des textes » qui les régissent.

» Ils sont pour elle, et de la manière la plus incontestable, » la saine appréciation de la situation de droit respective des » deux parties : le propriétaire et le colon.

» Mais la Commission n'en estime pas moins, que cette » situation de droit est extrêmement rigoureuse pour le colon » qui voit périr sa vigne par un cas fortuit ou de force majeure, » et alors qu'il a tout fait pour la sauver. Cette opinion n'est » pas seulement celle d'une majorité dans la Commission, elle » est celle de l'unanimité.

» Aussi, la Commission s'est-elle appliquée à rechercher ce » qui semblait le plus équitable pour ce cas de destruction de » la vigne par cas fortuit ou force majeure, indépendant de la » volonté, du fait ou de la faute du colon. Elle a recherché les » mesures qu'elle pourrait conseiller, au milieu des pertes que » subissent alors, et chacun de leur côté, le propriétaire et le » colon.

(1) V. pages 109, 110, 111, 112 et 113 de la brochure.

» La Commission, au cours de cette étude, a fait cette » double constatation :

» D'une part, — tous les propriétaires de vignes à recevoir » qui se trouvaient dans son sein, ont déclaré qu'ils n'entendaient » pas user de leur droit strict vis-à-vis de leurs colons et qu'ils » étaient, au contraire, disposés à se mettre en relation avec » eux, pour arriver, — soit à la replantation de la vigne et à » l'établissement d'un nouveau bail à complant, — soit, si » cette replantation n'était pas possible, à la résiliation contrac- » tuelle du bail avec indemnité. Les affirmations apportées à » la Commission, les modèles d'actes qui lui ont été présen- » tées, témoignent en outre que telle est la manière de voir de » la grande généralité des propriétaires de vignes à recevoir. » On peut donc constater, que du côté des propriétaires, on » cherche à ne pas froisser l'équité, on désire l'apaisement et » qu'on est disposé à faire des sacrifices pour arriver au règle- » ment amiable de la question.

» D'autre part au contraire, — et sans vouloir faire état des » affirmations qui ont été apportées à la Commission sur les » agissements des organisateurs des syndicats de colons, les » doctrines qu'ils propageraient et la pression qu'ils exerce- » raient sur les colons, - il faut bien constater, que dans le » sein de la Commission, les membres des syndicats ont » répondu à l'attitude conciliante des propriétaires, en décla- » rant catégoriquement et à plusieurs reprises :

« Que les colons ne pourraient traiter avec les propriétaires, » qu'après que la question aurait été tranchée législativement » en faveur des colons ».

» Cette déclaration, qui constitue un refus net et absolu de » conciliation du chef des colons, n'est sans doute pas l'opi- » nion de tous les colons, puisqu'on a apporté à la Commis- » sion des modèles de contrats réalisés ; mais, si l'on accepte » comme constant que la pétition des colons porte 8.000 signa- » tures, qu'il y a 8.000 syndicataires, on conçoit combien il » devient difficile pour les propriétaires de mettre en pratique » leurs idées de conciliation.

» La Commission est convaincue d'ailleurs, et elle tire cette » conviction des contrats réalisés jusqu'ici, — que dès qu'ils » sauront qu'ils n'ont rien à attendre d'une action législative, » les colons se hâteront de profiter des dispositions conci-

» liantes des propriétaires, et qu'on verra alors les règlements » se faire à l'amiable et l'apaisement se produire dans toutes » les communes intéressées.

» La Commission estime donc, — qu'au cas de destruction » de la vigne par cas fortuit ou de force majeure indépendant » du fait ou de la faute du colon, — il est équitable, — » puisqu'alors le colon perd absolument tout, tandis que le » propriétaire, tout en perdant beaucoup, conserve cependant » son fonds, — il est équitable, disons-nous, que le proprié- » taire vienne au secours du colon.

» Mais elle ne croit pas qu'il soit possible, en l'état du droit » sur les vignes à complant et en raison du principe de la non- » rétroactivité des lois, d'imposer aux parties le règlement de » la question par la voie d'une loi à intervenir.

» Elle estime, que la seule solution de la question consiste à » inviter les intéressés à se rapprocher, à tâcher de trouver un » terrain d'entente, et que tous les efforts doivent tendre à » propager les idées de conciliation et de concession réci- » proques.

» Elle ne saurait toutefois préciser absolument en quoi » devrait consister le terrain d'entente, quel mode d'accord » devrait être conseillé.

» La raison en est d'abord, dans le double courant d'opinion » qui existe en ce qui concerne les vignes à complant. Les » uns, en effet, estiment qu'elles constituent un vestige de » l'ancien régime, — que leur extrême division et la dualité » des droits qui les caractérise, rendent impossible toute appli- » cation des nouvelles méthodes de culture, — qu elles ne » peuvent profiter des progrès de l'agriculture et qu il importe » au bien public qu'on arrive à leur suppression et qu'elles » disparaissent. Les autres, au contraire, animés de la convic- » tion que ce mode de culture a fait ses preuves, — que la » communauté d'intérêts qu'établit entre propriétaires et colons » le partage des fruits a pour effet de produire des vignes » particulièrement soignées et bien tenues, qui ont fait le » renom et la prospérité du vignoble nantais, ne voient la » solution du problème que dans un essai loyal par les deux » parties de replantation et de reconstitution des vignobles » dans les mêmes conditions.

» La raison en est encore, que si la replantation en vignes » américaines greffées est possible sans trop grands frais en

» beaucoup d'endroits, — elle ne le serait pas en certains
» autres par suite de la nature rocailleuse du sol et de l'extrême
» difficulté, voire même l'impossibilité, — des défonçages
» nécessaires.

» Au milieu de divergences d opinion aussi accentuées et en
» présence de la nature différente des terrains, il n'est pas
» possible, — pas plus à la Commission qu'à personne, — de
» conseiller une solution impérative et unique, — et pour
» rester pratique, il faut dire que la solution doit varier suivant
» les circonstances. Tout au plus peut on dire, que les intéres-
» sés doivent essayer de se mettre d'accord à l'effet d'arriver à
» la replantation et à l'établissement d'un nouveau bail à
» complant, — et que, — quand l'accord ne pourra pas se
» faire sur cette base, — il faudra le rechercher dans la voie
» de l'anéantissement du bail à complant, avec indemnité au
» colon, — indemnité susceptible d'ailleurs de varier beaucoup
» elle-même, suivant la nature des terrains et les circonstances
» particulières à chaque parcelle de vigne.

» Les considérations qui précèdent et les avis précédemment
» votés et indiqués au §§ 2 et 3 ci-dessus n'ont pas permis à la
» Commission d'adopter le vœu proposé par M. Brunellière et
» ainsi conçu :

« La Commission, désireuse d'amener la conciliation, émet
» le vœu que les frais de replantation soient payés moitié par
» le propriétaire et moitié par le colon, vu le cas de force
» majeure et à *raison de l'égalité de leurs droits* ».

« Ces mêmes considérations l'ont, au contraire, amenée à
voter la résolution proposée par M. Linyer et ainsi conçue :

« *La Commission, s'inspirant des moyens de conciliation employés*
» *déjà par de nombreux propriétaires, exprime le vœu d'en voir*
» *généraliser l'emploi.* »

« Cette résolution, Messieurs, est la véritable conclusion de
vos travaux.

« Si elle est entendue par les intéressés, — par les colons
surtout, que les idées inexactes qu'on leur a données sur leurs
droits en éloignent davantage, — nul doute que l'apaisement
ne se fasse parmi les intéressés, au grand avantage de tous, —
et on pourra dire alors que vos travaux n'auront point été
inutiles. »

La bonne volonté, l'impartialité, la compétence qui avaient présidé aux travaux dont on vient de lire le résumé, donnaient à ceux-ci une réelle importance, et une valeur véritable aux conclusions qui en étaient le résultat.

Le Parlement allait avoir en mains, pour éclairer sa religion, une documentation raisonnée et rigoureusement exacte du régime des vignes à complants dans le ci-devant Comté Nantais; il ne lui resterait donc plus qu'à prendre, en présence d'un évènement funeste aux intérêts de tous et constituant un cas de force majeure, telles mesures que d'équité et que de droit.

Mais il restait une question très grave à trancher : *Celle de la propriété du sol ; celle du rachat !*

Que ferait le législateur? Suivrait-il les pétitionnaires dans leurs revendications nouvelles? Les considerait-il comme des co-propriétaires du terrain complanté? Classerait-il les redevances servies par le colon au propriétaire dans la catégorie des rentes foncières, justiciables du rachat? ou bien ne verrait-il dans le contrat de complant qu'un bail ordinaire — sauf quant à sa durée — régi par les dispositions ordinaires du droit en la matière?

Voici comment il a répondu à toutes ces questions par la loi du 8 mars 1898. On verra que l'ancienne *législation des complants* a été *intégralement respectée* par le législateur moderne; dans sa loi nouvelle, il ne s'est prononcé en effet que sur le dépérissement de la vigne, dû à un cas de force majeure et s'est borné à réglementer spécialement, dans les autres cas, le *droit de préemption*.

RÉPUBLIQUE FRANÇAISE

Loi sur les Vignes à complant

Du 8 Mars 1898

(Promulguée au *Journal Officiel* du 11 Mars 1898)

LE SÉNAT ET LA CHAMBRE DES DÉPUTÉS ONT ADOPTÉ,
LE PRÉSIDENT DE LA RÉPUBLIQUE PROMULGUE LA LOI DONT LA TENEUR SUIT :

Art. 1er. — Quand, par suite de l'invasion du phylloxéra, une vigne à complant est détruite, le colon de cette vigne a le droit de la reconstituer sans que le caractère du *bail à complant* en soit modifié.

Est considérée, comme détruite par le phylloxéra, toute vigne dont la moitié des ceps au moins est atteinte par le phylloxéra et est devenue improductive.

Art. 2. — Un délai *de quatre ans* est accordé pour la reconstitution de la vigne à partir du 1er avril de l'année où la vigne a été détruite par le phylloxéra.

Est considérée comme reconstituée, la vigne dans laquelle la replantation et le greffage des plants sont exécutés.

Dans les cas où, au cours de la période de reconstitution, le colon ferait des cultures destinées à amender le sol, il devra donner au propriétaire une redevance annuelle calculée à raison de trente-cinq francs (35 francs) par hectare.

La reconstitution sera faite en plants américains greffés avec les cépages, choisis d'un *commun accord*, par le propriétaire et le complanteur.

En cas de désaccord, le greffage aura lieu avec le cépage de l'ancien vignoble.

Art. 3. — Toutes les fois que le colon d'une vigne à complant qui se trouve dans les conditions prévues à l'article premier ne pourra ou ne voudra la reconstituer, il aura la faculté de céder son droit à un tiers.

Si ce tiers n'est ni l'ascendant ni le descendant du complanteur, le propriétaire du sol peut, à prix égal, user du droit de préemption.

Le colon qui veut céder son droit à un tiers, doit notifier au propriétaire du sol, le nom de ce tiers et le prix de la cession.

Le propriétaire a vingt jours pour notifier sa réponse.

Passé ce délai, il sera considéré comme ayant renoncé à son droit de préemption.

Après la reconstitution du vignoble, le complanteur qui voudra céder son droit à un tiers sera tenu aux mêmes obligations prévues aux paragraphes 2 et 3 du présent article.

La présente loi, délibérée et adoptée par le Sénat et par la Chambre des Députés, sera exécutée comme loi de l'Etat.

Fait à Paris, le 8 Mars 1898.

Signé : Félix FAURE.

Le Président du Conseil,
Ministre de l'Agriculture,
Signé : J. MÉLINE.

Comme on le voit, le législateur, en souscrivant aux justes revendications de laborieux travailleurs, leur laissait pour compte tout ce qui, dans ces revendications, pouvait en gâter l'esprit et la justesse, tout ce qui pouvait constituer dans leur exposé, des prétentions à des droits inéquitables, illégaux, et partant inacceptables ! (1)

---

(1) V. les rapports de M. Gellibert des Séguins à la Chambre des Députés, Annexe n° 2337, *Journ. Off.* du 18 Mai 1897 p. 370 et de M. Lecour-Grandmaison au Sénat, 28 Janv. 1898, Annexe n° 23, *Journ. Off.* du 20 Mai 1898, p. 62 déjà cités.

CHAPITRE QUATRIÈME

Considérations Générales et Conclusions

§ Ier

Dès que la nouvelle de la promulgation de notre loi de 1898 parvint dans nos campagnes, une clameur de joie y retentit comme un hosanna de paix et d'amour.

Rarement, une loi fut accueillie avec de tels transports d'allégresse, réunissant dans une manifestation de commune reconnaissance tous ceux qui, la veille, ne se considéraient pas seulement comme des adversaires, mais, hélas, comme des ennemis !

De part et d'autre, *on illumina* ainsi qu'aux jours et mieux qu'aux jours de nos grandes fêtes populaires et jamais plus ferme désir de travailler à la reconstitution des complants ne fit plus ardemment vibrer les cœurs de tous nos colons.

Au regard de leurs intérêts, la loi nouvelle les protégeait pour toujours, contre les dangereux aléas d'un cas étranger à leur volonté ; contre l'aveugle injustice des calamités inévitables !

Au regard des propriétaires, leurs droits étaient reconnus par une loi nouvelle qui n'était autre que la consécration implicite d'usages et de coutumes séculaires, ayant déjà fixé ces mêmes droits.

Rien ne pouvait plus séparer désormais ces intérêts, devenus communs ; rien autre que la volonté commune des parties, ou la mauvaise volonté du colon !

Les premières heures d'ivresse passées, chacun ne songea plus qu'à se remettre à l'œuvre courageusement, afin de redonner aux languissants coteaux de la Sèvre leur ancienne parure de verte tiédeur, rehaussée du rutilant rayonnement des grappes d'or.

Dès l'année 1900, la reconstitution des vignobles était à peu près faite et le chant de nos vendangeuses allait retentir à nouveau, au milieu des premières cueillettes et, plus tard, au sein des abondantes récoltes réparatrices.

§ II

Huit années passent dans un calme apparent de tranquillité douce et bienfaisante, lorsque brusquement, sous un prétexte trompeur, une soudaine agitation s'allume !

. . . .

Tirant argument de quelques cas isolés de résiliation, les colons abusés proclament, ou on proclame en leur nom, que les propriétaires nourrissent le noir dessein de les dépouiller ! de leur arracher un bien qu'ils ont eu tant de mal à réédifier !

. . . .

La loi de 1898 est un leurre ! La vieille législation, récemment reconnue et consacrée, est un mensonge ! La résiliation du bail d'un colon qui a laissé périr sa vigne et qui, depuis des années, n'exécutait plus ses obligations, ne versait plus aucune redevance à son propriétaire, et *se refusait* à l'exécution de ses engagements, est une imposture.

Tous les vieux arguments, usés et cent fois condamnés, sont repris. La théorie du rachat y domine, cela va sans dire, obstinément ! Le droit du propriétaire ne subsiste que par l'arbitraire et la complicité des juges... Le colon est le véritable propriétaire du sol... il ne tient plus qu'à lui de s'en emparer comme d'une chose indiscutablement sienne... L'anathème est lancé contre les adversaires d'aussi singulières revendications et les qualificatifs à la fois les plus discourtois et les plus injurieux forment contre tous ceux qui oseraient commenter cette audacieuse théorie, les bases de la discussion !

En vérité, on croit rêver en entendant un pareil langage qui, faussant le droit pour proclamer l'arbitraire, égare l'esprit et la conscience de braves gens, n'étant pour la plupart que « censés ne pas ignorer la loi » et qui dès lors, n'en sont que plus crédules et plus facilement abusés !

. . . .

Mais laissons ces tristes choses ! Nous avons mieux à faire qu'à polémiquer ici et ce n'est pas précisément, dans une pareille intention que nous avons entrepris ce modeste travail.

Toutefois, il est une affirmation, faite au nom des colons, que nous ne saurions laisser se produire sans en signaler la profonde inexactitude, notre devoir étant de servir la vérité jusqu'au bout et de la dire sans faiblesse, toute aussi désagréable que sa manifestation puisse être à ceux qui se complaisent à la méconnaître.

On appuie la thèse du rachat et nous en sommes, ici, *aux arguments de fait*, sur les frais énormes, *exclusivement* engagés par le colon, dans la reconstitution des vignes phylloxérées ; on évalue ces frais à 3.000 fr. l'hectare ! et on argue de cela pour prétendre à la proscription du propriétaire !

Examinons donc ce qu'il y a de fondé dans une telle affirmation :

En prenant une moyenne, basée sur la replantation des terrains propices ou des terrains plus ingrats, les dépenses à exposer par hectare, peuvent se décomposer ainsi :

1° Défoncement		500 »
2° Plants : 6.600 à 8 fr. le o/o		528 »
3° Plantation : 20 journées à 2 fr. 75		55 »
4° Fumier : 12 mètres à 5 fr.		60 »
5° Façon : 1re année	80 »	200 »
» 2e id.	120 »	
Total		1 343 »
6° A ajouter les intérêts à 4 o/o sur cette somme (débours et *montant des salaires compris*) pendant deux années		107 45
Total général		1.450 45

NOTA. — Nous ne comprenons dans ce décompte que le montant de la façon et celui des intérêts des deux premières années, les premiers rendements se produisant dès la 3e année, couvrant ces mêmes frais et au delà.

Nous devons faire remarquer encore que le plant, décompté à 8 fr. le o/o, n'atteint jamais ce chiffre pour le colon qui le prépare généralement lui-même.

C'est donc par 1.450 fr. à l'hectare que se soldent, au maximum, les dépenses engagées, et non par 3.000 fr. comme on s'est plu à le colporter.

Or, si l'on estime que la récolte annuelle, moyenne et normale, est par hectare de *douze barriques*, soit pour le colon, *neuf barriques*, on peut affirmer (en tenant compte, d'une part, de la non production des deux premières années et, d'autre part, des frais de culture exposés dans les quatre années suivantes) que pour toute vigne reconstituée en 1900, les colons avaient dès l'année 1906 largement récupéré leurs avances (1).

Il résulte donc de ces chiffres et de leur résultat — dont aucune personne impartiale et compétente ne contestera l'exactitude — que si la reconstitution a imposé un sacrifice préliminaire au colon, elle s'est changée rapidement pour lui en une opération satisfaisante, laquelle ne peut que prospérer en bénéfices dans l'avenir.

S'il en eût été autrement et ainsi qu'on l'affirme aujourd'hui ; si les frais avaient été ceux dont on nous signale le chiffre ; quel est le colon qui aurait consenti à en assumer les charges ? Quel est celui qui n'aurait pas préféré tout abandonner !

Et puisque nous venons de parler des sacrifices préliminaires des colons, n'est-il pas de toute justice de rappeler aussi, que de nombreux propriétaires fournirent à leurs colons pour la replantation, dès 1898, les *plants nécessaires* et la *plus grosse part des engrais.*

§ III

Dans la première partie de cette étude, nous avions pris l'engagement de rechercher et d'exprimer la vérité sur les complants de vigne ; ceux qui nous ont fait l'honneur de nous lire savent à présent à quoi s'en tenir à ce sujet.

Ils savent si nous avons rempli notre tâche avec le zèle ardent et tranquille de l'homme qui n'a ni la crainte d'attirer sur lui les critiques, ni le dessein de se concilier la faveur de telle ou telle fraction des intéressés.

Ils savent enfin que si le passé de notre complant de vigne, comme le passé de toute vieille institution — un peu perdus dans les voiles de l'histoire d'où il faut aller les dégager — a pu se prêter aux théories exigées par l'intérêt d'un parti ; ce passé, appuyé des témoignages décisifs, que nous nous sommes efforcé de rassembler, revêt devant la clarté de ces témoignages, le caractère vrai qui lui appartient.

Il ne nous reste donc plus qu'à tirer de l'éloquence de ces témoignages, les conclusions qui doivent s'identifier avec le sujet dont elles relèvent.

---

(1) Le prix moyen du vin est de 70 à 80 fr. la barrique, ce qui pour 36 barriques récoltées en quatre années donne un produit de 2.520 à 2.880 francs.

Il résulte de celle-ci : que, contrairement à ce qui a été prétendu par les colons de 1894, il existait, depuis des siècles, des coutumes spéciales au vieux Comté nantais, qui constituaient une sorte de législation de notre bail à complant.

Que cette législation, formée d'abord par la pratique constante d'usages séculaires, avait reçu une consécration légale, définitive, par le respect qu'en avait eu le législateur de 1789, par le Conseil d'Etat, le 2 Thermidor, an 8, et, plus tard, par la jurisprudence des Cours et Tribunaux.

Que le législateur de 1898 a consacré, à son tour, cette législation, en la rendant désormais aussi lumineuse qu'inattaquable, par les seules adjonctions dont il l'a, en quelque sorte, couronnée.

Qu'en effet, les droits des parties intéressées ont été *reconnus* et *fixés* et ne sauraient, en dehors de toute interprétation abusive, laisser une voix ouverte à l'arbitraire.

Qu'enfin, et en résumé, le contrat de *complant de vigne* est bien, purement et simplement, un bail ne différant des baux agricoles ordinaires que : 1° par la durée; 2° par la propriété, *à nature spéciale*, pour le colon, de la plantation qu'il a effectuée.

Que ces deux particularités doivent s'entendre :

Pour la première — De ce que la durée dite " à perpétuité " ou " à jamais ", ne lie les parties que pour un temps *analogue à celui de l'existence de la vigne,* unique objet de la convention, et que l'expiration du terme du bail arrive en même temps que se produit la perte de la vigne.

Que, toutefois, si la vigne périt par un cas de force majeure étranger à la volonté du colon, celui-ci n'a plus à redouter la résiliation de son bail et a le droit, pendant un délai de quatre années, imparti à cet effet, par la loi de 1898, de reconstituer la vigne aux conditions prévues par la dite loi.

Que, par voie de conséquence, s'il ne se livre pas à cette reconstitution, s'il s'y refuse, ou s'il ne délègue pas un tiers, qui se substitue à ses droits et à ses devoirs, le contrat est évidemment *résilié,* après l'expiration de cette période.

Pour la seconde. — De ce que la propriété pour le colon, de la plantation qu'il a effectuée, est grevée de diverses charges, que le législateur de 1898 a respectées.

Qu'en cas d'inexécution de ces diverses charges, le contrat peut, selon les divers cas survenus *ou être résilié,* ou donner simplement ouverture à *des dommages et intérêts.*

Qu'il doit être résilié, conformément à la législation existante, et aux articles 1728, 1737 et 1741 du Cod. Civ. combinés.

I. — Si le colon, par négligence ou mauvais vouloir a laissé périr la vigne et ne paie plus ses redevances *constitutives du prix du bail.*

Que cette résiliation sera légalement prononcée, soit après reconnaissance des faits par le colon, soit après tous constats du dépérissement irrémédiable de la vigne ; soit après une mise en demeure de faire connaître ses intentions, notifiée sans résultat à ce dernier ; le tout sans préjudice de l'attribution au bailleur, de justes dommages et intérêts, tant pour privation de sa récolte que pour le préjudice causé.

Qu'il peut être résilié également, après l'accomplissement des mêmes formalités.

II. — Si le dépérissement irrémédiable de la vigne, n'étant pas complètement démontré, le bailleur privé de ses redevances, en totalité ou seulement en partie excipe d'un contrat écrit, où les conditions de résiliation sont nettement exprimées et reconnues, sauf, dans la circonstance, à faire bénéficier le colon des dispositions de l'art. 555 du Cod. Civil.

Que dans tous les autres cas, l'inaccomplissement *partiel* des obligations générales du colon ne saurait équitablement, que donner ouverture à l'allocation de dommages et intérêts, dont l'évaluation se procure par tous les éléments de droit en usage et qu'ici, comme dans toutes les applications de notre droit rural, les juges doivent concilier les intérêts de l'agriculture avec les principes généraux du droit.

Objectera-t-on cependant, que dans les cas divers pouvant donner ouverture à des difficultés judiciaires, entre colons et propriétaires, les intérêts de ceux-ci pourraient courir des risques par les interprétations différentes, ou le plus ou moins de rigueur des juges ?...

Cela serait aller bien loin et méconnaître l'esprit d'intégrité et de justice qui anime nos magistrats et fait l'honneur de notre corps judiciaire ; mais comme, en semblable matière, on se complaît à méconnaître cet esprit et à critiquer, aussi gratuitement qu'insidieusement, les décisions les plus droites, les plus impartiales ; on pourrait pour appaiser toutes les... inquiétudes... — et ainsi que nous l'exprimait, récemment, certains de nos collègues — codifier spécialement les usages se rattachant à l'exécution de notre bail à complant et ériger, en quelque sorte, la règle des pénalités pouvant résulter de leur inobservation. Mais cela est-il bien indispensable ? !

§ IV

Ainsi ramené aux simples conditions de droit qui le régissent et débarrassé de la phraséologie d'antagonisme d'intérêts, dont on essaie de l'obscurcir, notre bail à complant de vignes, apparaît comme ne pouvant donner ouverture à des difficultés que, l'avons-nous déjà dit, si la mauvaise volonté des parties ou des ressentiments nés de préoccupations étrangères à son esprit, s'en mêlent !

Dans ce cas comme en toute matière, les tribunaux sont là pour en connaître, et pour faire rentrer dans la légalité celui qui tenterait de s'en écarter !

Quant à songer de poursuivre le chimérique espoir de la dépossession de l'une des parties, par le rachat, ce serait d'une telle injustice ! ce serait une telle spoliation ! que le législateur ne voudra pas, nous en sommes convaincu, y prêter la main en brisant une législation qui a plusieurs siècles d'existence.

C'est surtout, en effet, en pareille matière qu'on peut dire, avec M. Laurent, que « *Les innovations législatives doivent être* » *rares et faites à bon escient, car innover c'est souvent reculer !* »

Et qu'on ne vienne pas dire encore et surtout, que le complant de vigne constitue un vieux vestige de la féodalité, triste et injurieuse épave, pour notre époque, d'une société à jamais disparue !

Non, qu'on ne vienne pas faire entendre à nos colons que la redevance qu'ils paient au propriétaire est la survivance révoltante des prestations en nature que percevaient autrefois sur les vassaux et les serfs, les seigneurs et le clergé ! Ce serait une erreur voulue et un défi à la raison !

Non, le bail à complant n'a fort heureusement, rien d'un pareil esprit ; bien au contraire, lorsqu'on en examine le fond et le fonctionnement, on ne peut que le trouver *ingénieux* et *moral ;* on ne peut que louer le double résultat qu'il procure aux intéressés et émettre avec un colon, l'opinion suivante qu'il nous donnait récemment : *Si le bail à complant n'existait pas, il faudrait l'inventer !*

Et à l'appui de son dire, ce même colon nous signalait des exemples typiques. C'était à Vallet, à Monnières, à Gorges, que d'anciens domestiques, économes et sages, avaient pu, avec quelques billets de 100 francs, acheter *plusieurs journaux* de vignes à complant.

« Qu'auraient-ils obtenu avec leurs frustes économies, ajoutait-il dans un langage d'une coloration très suggestive, s'ils avaient été contraints de les employer à l'achat de vignes franches ? « *Grand comme un mouchoir de poche !* »

« Au contraire, ils ont pu s'approprier des vignes à devoir, bien plus importantes ; et peu à peu, rangés et vaillants, ils ont arrondi leur patrimoine et règnent aujourd'hui, presque en puissants seigneurs..., sur des hectares de vignes complantées ! »

Ce raisonnement, aussi simple qu'imagé, montre assez combien les colons ont pu et ont su tirer partie de leur travail et du bail à complant. Nous voici loin des théories subversives... et de la dénonciation de ce contrat comme un vestige scandaleux de la féodalité !

Loin d'y porter atteinte, conservons donc le bail à complant, comme avantageux et salutaire pour nos braves et intéressants ouvriers du sol, et reconnaissons avec la sagesse de Portalis : « Qu'il est utile de maintenir tout ce qu'il n'est pas devenu » nécessaire de détruire et que les lois doivent ménager les » habitudes d'un pays, rapports naturels qui lient toujours le » présent au passé. »

Nous ne saurions rien ajouter de plus à ces paroles, si ce n'est qu'en réunissant ici tous les éléments de nature à éclaircir une question délicate sans doute, mais souvent volontairement obscurcie, nous n'avons agi qu'avec impartialité et avec l'ardent désir de nous rendre utile.

Plaignons donc quiconque — ainsi que l'a exprimé lui-même un grand humanitariste — qui ne reconnaîtrait pas dans ce modeste travail, « les accents d'une voix sincère et les palpitations d'un cœur affamé de justice ! »

FIN

ANNEXES

Nous croyons devoir donner, ici, la copie d'un jugement rendu par nous, en date du 8 janvier 1908, tel qu'il a été publié par le *Bulletin spécial des Décisions des Juges de Paix*, avec les observations qui y ont été consacrées. (Tome L. Mars 1908 3me livraison).

Justice de Paix du Canton de Vertou

(Loire-Inférieure)

M. Gaston ROBERT, Juge de Paix

BAIL A COMPLANT — INEXÉCUTION DES CONDITIONS DU BAIL — COMPÉTENCE DU JUGE DE PAIX — RÉSILIATION — DOMMAGES-INTÉRÊTS — DÉPENS.

— Le Juge de Paix est compétent pour connaître d'une demande en résiliation d'un bail à complant, lorsque les redevances stipulées n'excèdent pas 600 francs.

Spécialement, il y a lieu d'ordonner cette résiliation lorsque le fermier néglige la culture de la vigne et ne peut pas payer ses redevances.

Le bail à complant n'est pas translatif de propriété. Le bailleur conserve la propriété de son immeuble, en paie l'impôt foncier, etc.

Suit le jugement...

Nous, juge de paix,

Vu : la citation introductive d'instance, l'art. 3 de la loi du 12 juillet 1905 ; l'avis du Conseil d'Etat du 4 Thermidor An VIII ; la loi du 8 mars 1898 sur les vignes à complant ; les art. 530, 1728 et 1741 du Code Civil ; la jurisprudence et les usages régissant la matière ; les parties entendues dans leurs moyens, explications et conclusions.

En fait :

Attendu que le sieur G... tient verbalement de la demoiselle de la P..., deux planches de vignes à complant sises dans la commune de la Haie Fouassière, moyennant une redevance du quart des fruits.

Attendu qu'ayant négligé la culture des dites vignes, et la récolte en étant devenue nulle, la demoiselle de la P... a, par exploit de M. Chéneau, huissier à Vertou, en date du 28 décembre 1907, enregistré, fait citer le dit sieur G... devant nous, pour, entre autres conclusions, — les redevances dont il a la charge n'étant pas servies à cette dernière, — entendre annuler le bail à complant liant les parties, avec 100 francs à titres de dommages et intérêts tant en cas de résiliation que de non-résiliation du dit bail verbal.

Attendu que le défendeur ne conteste pas les faits de non-culture et de non-exécution de ses engagements qui lui sont doublement reprochés et se borne à indiquer que son état de santé déplorable, seul, l'a empêché de remplir ses obligations ; que malgré cet état de choses, il croit avoir le droit de conserver *ses vignes* et ne reconnaît pas à son adversaire celui de les lui *ôter* ; qu'il n'a causé aucun préjudice et conclut à son relaxe.

Attendu que sans soulever d'exception effective le sieur G... expose des prétentions qui posent implicitement une question de compétence ; que cette exception ne se dessinât-elle même pas, implicitement dans les débats, le juge saisi a le devoir de se poser à lui-même une pareille question et d'y répondre avant tout examen du fond.

En droit :

Attendu que l'art. 3 de la loi du 12 juillet 1905 nous donne compétence sans appel jusqu'à la valeur de 300 francs et à charge d'appel à quelque taux que la demande puisse s'élever, des actions en résiliation de baux fondées, soit sur le défaut de paiement des loyers ou fermages, soit sur l'insuffisance des meubles, etc..., le tout lorsque les locations verbales ou par écrit n'excèdent pas annuellement 600 francs.

Que le même article prévoit encore, dans un 2e alinéa, le mode de détermination du taux de compétence pour les baux dont le prix se compose, en totalité ou en partie, de denrées ou prestations en nature.

Attendu dès lors que si l'on peut dire que la loi du 12 juillet 1905, sur la compétence des juges de paix, n'a rien innové à l'égard des baux à complant, il ne résulte pas moins des dispositions précitées, que le juge de paix possède, par l'interprétation et l'application même du principe de ces dispositions, la faculté ou la possibilité indiscutables de prononcer sur des baux de toute nature *sauf sur ceux spécialement spécifiés,* ce qui n'est pas le cas pour les baux à complant.

Attendu que pour soutenir le contraire, il faudrait considérer comme l'ont fait, il est vrai, certains auteurs et décidé certains Tribunaux, que la redevance due par le complanteur n'est pas simplement le paiement en nature d'un prix de fermage, à durée illimitée, mais d'une véritable rente foncière, aux termes de l'article 530 du Code civil, établie à perpétuité comme prix de vente d'un immeuble, par suite translative de la propriété du fonds et, dès lors, rachetable.

Mais attendu qu'il ne saurait en être ainsi ; qu'il est incontestable que le bailleur à complant, à devoir de moitié, de tiers ou de quart, conserve la pleine propriété de ses biens ; que cette propriété passe à ses héritiers ; qu'il en paie l'impôt foncier ; qu'il fait journellement acte de propriétaire, soit en fixant lui-même la date des vendanges, soit en disposant à son gré, et exclusivement, des arbres, futaies, qui existent sur le terrain ; soit en reprenant ce terrain si la vigne vient à périr ou dans les conditions fixées par la loi du 8 avril 1898 ; que ce bail ne transfère donc au colon aucun droit sur la propriété du terrain baillé.

Que c'est bien ainsi du reste que l'ont décidé le Conseil d'Etat dans son avis du 4 thermidor an VIII, et plusieurs fois, différents Tribunaux et la Cour suprême elle-même (Voir l avis du Conseil d'Etat sus-visé, à sa date. C. de Rennes, 12 mars 1834. Cass., 7 août 1837).

Attendu, dans ces conditions, qu'on ne peut, à bon droit, que considérer comme un bail ordinaire, sauf en ce qui concerne la durée indéterminée, le bail à complant. Que ce bail impose au preneur des obligations qui, en l'absence de toutes dispositions légales contraires, sont régies par les articles 1728 et 1741 de notre droit. Que c'est bien là ce qu'il faut déduire des termes mêmes de l'avis du Conseil d'Etat susvisé.

Attendu, par suite, que l'article 3 de notre loi de compétence du 12 juillet 1905 est applicable aux baux à complant, d'une redevance n'excédant pas annuellement 600 francs, et qu'il y a lieu de retenir la cause et d'en examiner le fond.

Attendu, en ce qui concerne la détermination du montant annuel des redevances en nature, constituant le prix du bail dont il s'agit, que les parties en cause reconnaissent que dans les années les plus prospères, cette redevance ne peut excéder un maximum de 100 francs ; qu'à ce second point de vue, le taux de notre compétence, ainsi déterminée par les parties ellesmêmes, rentre bien dans les dispositions de la loi précitée.

En ce qui concerne le fond :

Attendu que le sieur G... reconnaît qu'il a négligé la culture des vignes dont il est le colon ; que cette négligence a eu pour conséquence d'amener le dépérissement de la vigne et que depuis deux années, il n'a pu remettre à sa bailleresse la redevance du quart des fruits qui lui revenait ; qu'il n'offre pas davantage d'indemniser celle-ci de la privation de sa récolte ; que fit-il même cette offre, le fait de non-culture n'en subsisterait pas moins en entier. Que cela constitue bien, indiscutablement, le défaut de paiement du prix du bail auquel le preneur est tenu et l'inexécution des obligations prévues par l'article 1728 du Code civil.

Attendu, dès lors, que rien dans les baux à complant, ne dérogeant au droit commun — quant aux faits de la cause — il y a lieu d'appliquer à celle-ci le principe qui découle des dispositions de l'article 1741 du même Code.

Attendu que le juge saisi a tous les éléments du préjudice causé ;

Par tous ces motifs, jugeant publiquement, contradictoirement et en dernier ressort ;

Disons que le bail à complant, liant les parties, sera et demeurera résilié, à compter de ce jour, pour défaut de paiement du prix.

En conséquence, disons que la demanderesse reprendra immédiatement possession de ses vignes dans l'état où elles se trouvent et conservera, à titre et pour tous dommages et intérêts éprouvés, les souches mortes que nous évaluons comme bois à brûler à 15 francs.

Condamnons le sieur G... aux dépens liquidés, etc...

***

« *Observations.* — La question traitée dans ce jugement se » présente rarement devant les tribunaux de paix, car le bail à » complant se pratique peu et dans certaines contrées seule- » ment. De plus, cette question est très controversée, notam- » ment en ce qui touche la compétence du juge de paix. Dans » notre dernière édition du Dictionnaire général de la compé- » tence des juges de paix, nous avons indiqué trois solutions » différentes (voir Bail à complant, page 231). M. le Juge de

» paix de Sainte-Hermine (8 octobre 1865) a considéré le bail » à complant comme un bail à ferme, résiliable de plein droit » dans certains cas, et la redevance comme un véritable » fermage. Par suite, le juge de paix est compétent dans les » limites de la compétence générale.

» Au contraire, le Tribunal de Fontenay-le-Comte a, par » jugement du 20 décembre 1867, soutenu que la redevance » due à l'occasion d'un bail à complant, étant translative de » propriété, ne peut pas être assimilée à un fermage ordinaire, » et que le juge de paix est incompétent pour connaître d'un » tel contrat. Une dernière opinion prétend que pour savoir si » le bail à complant engage une question de propriété, le juge » saisi doit d'abord examiner si, en fait, dans l'intention des » parties ou d'après l'usage des lieux, la redevance est transla- » tive de propriété ou n'est qu'un simple fermage ; et nous » avons cité, en ce sens, deux autorités sérieuses, Troplong, » Louage, nos 50 et 60 ; Demolombe, tome IX, n° 500. Nous » n'avons pas pris parti entre ces trois solutions. Mais la der- » nière nous paraît devoir être préférée. C'est d'ailleurs *cette* » *manière de faire qui a été suivie par M. le Juge de paix de Vertou,* » et comme il lui est apparu qu'en l'espèce, la redevance n'était » qu'un fermage, c'est avec *raison qu'il s'est déclaré compétent.* » Nous pensons donc que le jugement rapporté ci-dessus » pourra *servir de modèle* à ceux de nos lecteurs qui seront » saisis de contestations sur l'exécution d'un bail à complant ».

www.ingramcontent.com/pod-product-compliance
Ingram Content Group UK Ltd.
Pitfield, Milton Keynes, MK11 3LW, UK
UKHW021046230726
13926UKWH00004B/1670